문제는
호감이다

문제는 호감이다

똑같이 말해도 호감 있는 사람에게 끌린다

전경우 지음

비전코리아

목차

PART 1
우리 회사 매력남, 매력녀는 무엇이 다를까?

PART 2
존경받는 리더에게만 있는 특별한 리더십

PART 3
끌리는 기업에게 있는 호감 경영

PART 4
글로벌 비즈니스를 위한 호감 에티켓

당신은 호감이라는
경쟁력을 갖고 있는가

면접 한 번에 바로 합격통지서를 받는 사람이 있는가 하면, 수없이 면접을 봐도 탈락의 고통에서 헤어나지 못하는 사람도 있다. 스펙과 능력에는 별 차이가 없는데도 말이다. 함께 일하고 싶은 사람이 있는가 하면, 두 번 다시 보기 싫은 사람도 있다. 거칠 것 없이 승승장구하는 사람이 있는가 하면, 승진에서 번번이 실패하고 계속 일이 잘 풀리지 않는 사람도 있다.

이처럼 극명하게 명암이 엇갈리는 이유는 무엇일까? 나는 바로 호감의 차이라고 생각한다. 호감도에 따라 조직에서의 성패는 물론 개인의 운명이 갈리기도 한다.

회사나 조직에서 마지막까지 승자로 살아남는 사람들은 대부분 호감 지능이 뛰어나다. 호감 지능이란 '다른 사람들과 공감하고 협력하면서 타인으로부터 좋은 감정을 이끌어내는 능력'을 말한다.

호감 지능이 뛰어난 사람일수록 상대의 의도를 빨리 알아차리고 적절하게 효과적으로 대응할 줄 안다. 상대의 어려움에 공감하고 기꺼이 도와줄 뿐 아니라 조직의 이익을 위해 자신을 희생할 줄도 안다.

다른 사람들과 교류하지 않고 매일 서류 더미에 묻혀 자신에 일에만 빠져 있는 사람은 어느 조직에서건 한계에 부딪히고 만다. 일 잘하는 사람보다는 결국 호감 지능이 뛰어난 사람이 성공한다. '스펙보다는 스토리가 있는 사람을 원한다'는 것도 능력보다 호감 지능이 더 중요하다는 의미다.

호감 지능이 뛰어난 사람은 상대의 직위를 인정하고 존중할 줄 안다. 직위에 따른 합당한 권리와 의무를 명확하게 인지할 줄도 안다. 리더와 관리자, 부하 직원 등 각자의 역할에 따라 적절하게 처신하고 갈등이 발생하지 않도록 주의한다.

호감 지능이 발달한 사람일수록 에티켓이 몸에 배어 있다. 사무실에서 지켜야 할 사소한 에티켓에서부터 엘리베이터와 자동차를 타고 내릴 때, 식당과 회식 자리 등에서 취해야 할 모든 행동에 있어 흐트러짐이 없다. 상사를 보필하는 자세와 부하 직원을 대하는 마음가짐도 남다르다. 사소해 보이는 부분에도 신경 쓰고 타인의 감정을 잘 보살필 줄도 안다.

하나의 지구촌, 글로벌 시대다. 국가와 지역에 따라 다양한 문화가 존재하고 그 때문에 오해와 불필요한 갈등이 발생하기도 한다. 따라서 상대의 문화를 이해하고 존중하는 태도를 보이고 그것을 통해 호감을 얻을 줄 알아야 한다. 자신이 회사의 대표이자 우리나라의 대표라는 자부심과 책임감도 필요하다.

소비자들도 엄청난 속도로 스마트해지고 있다. 첨단 커뮤니케이션 환경을 기반으로 실시간 정보를 주고받으며 교류하고 협력한다. 기업의 제품과 서비스 수준에 관한 정보는 물론이고, CEO의 사회적 태도와 도덕적 · 윤리적 책임 등에 대해서도 꼼꼼하게 살피고 감시한다.

얄팍한 상술로 소비자들을 속이고 부정한 방법으로 기업이 자사을 빼돌리거나 불법 상속이나 증여와 같은 기업과 CEO의 비도덕적이고 반윤리적 행태는 곧바로 소비자들의 반감으로 이어진다. 그러한 부정 행위는 부메랑으로 돌아와 기업 이미지에 치명타를 입히기도 한다. 불매운동과 같은 반기업 활동도 순식간에 벌어질 수 있다. 이처럼 스마트해진 미디어 환경과 더불어 나날이 진화하는 소비자들은 문제가 발생하면 이제는 가만히 당하고 있지 않는다. 그 결과, 기업은 순식간에 매출이 떨어지고 고객이 줄어들며 심하면 도산할 수도 있다.

하지만 세상에는 수백 년 동안이나 명성을 유지하며 고객들의 마음을 사로잡아 온 기업들도 수두룩하다. 그들의 공통점은 바로 '호감 지능이 뛰어났다는 것'이다.

성공한 기업일수록 직원을 가족처럼 생각하고 이룬 성취를 함께 나넘가졌으며 문제가 생기면 리더가 앞장서서 책임졌다. 성공한 리더들은 부하 직원이나 선수들의 눈높이에 맞춰 대화하고 그들의 말을 경청할 줄 알았고, 억압이나 일방적 지시가 아닌 부드러운 넛지^{Nudge}와 유머로 의지와 용기를 북돋우는 능력이 있었다.

다시 말해 호감 지능은 상대의 말에 귀를 기울이고 상대의 입장을 이해하고 존중하는 마음, 기꺼이 도움의 손길을 내밀 줄 아는 여유와 너그러움, 더불어 생존하고 공존하고자 하는 선한 의지 등을 포괄한다.

인간의 뇌에는 타인의 행동이나 의도, 감정을 읽고 모방하며 그것을 통해 공감하는 능력이 있다. 어린아이들이 엄마의 표정이나 말투를 흉내 내면서 성장하는 것이나, 타인의 고통을 외면하지 않고 도움을 주려고 하는 것이 그것이다. 그러한 공감 능력을 담당하는 신경세포가 바로 거울 뉴런^{Mirror Neurons}이다. 인간이 오랜 세월 동안 멸종하지 않고 살아남을 수 있었던 것은 이 거울 뉴런 덕분이다.

IMF 사태 때 국민들이 금 모으기 운동을 펼쳤고, 태안반도에 기름유출 사고가 났을 때 자원 봉사자들이 구름처럼 몰려 들었던 것도 바로 거울 뉴런 덕분이다. 2002년 월드컵 때 붉은 악마가 거리응원을 펼쳤고 경기장의 쓰레기를 치웠던 것도 국민들의 거울 뉴런이 제대로 작동했기 때문이다.

미국 펜실베이니아 대학 경영대학원의 제러미 리프킨^{Jeremy Rifkin} 교수는 '앞으로 펼쳐질 3차 산업혁명 시대에는 공감할 줄 아는 인간이 성공하는 세상이 될 것'이라고 예견했다. 그는 급격한 미디어 환경 변화로 사회가 더 복잡해지고 상호 의존도가 더욱 심해지면서 공감 능력도 더 많이 요구될 것이라고 내다보았다. 공감하지 못하는 인간은 생존 자체를 위협받게 된다는 것이다.

'공감하지 못한다는 것은 호감을 얻지 못한다'는 의미이기도 하다. 공감하지 못하는 것, 즉 호감을 얻지 못하는 것은 도태된다는 뜻이며, 다시 말해 공감하고 호감을 얻는 사람과 기업만이 성공한다는 뜻이기도 하다.

직장과 비즈니스 세계는 가혹한 전쟁터 같은 곳이지만 자부심과 긍지, 협력과 공감, 양보와 희생 같은 아름다운 가치들이 발현되는 곳이기도 하다. 호감은 그런 가치들을 실현하기 위한 필요조건이면서 동시에 그것들이 빚어내는 소중한 결과물이다. 《문제는 호감이다》를 읽는 모든 독자들이 호감 능력을 키워 성공으로 빛나길 기대한다.

2013년 봄
전경우

P . A . R . T

1

우리 회사
매력남, 매력녀는
무엇이 다를까?

직장은 대학의 서클이나 친목 단체와는 다르다. 생존을 위한 처절한 싸움 터이자 자존심과 자긍심을 다지고 확인하는 의미 있는 곳이다. 따라서 치열하게 경쟁하는 한편 협력하고 공감하지 않으면 살아남기 어렵다.

회사라는 조직에는 각자 맡은 직위가 있고 그에 따라 권한과 책임, 의무가 주어진다. 조직생활을 잘하기 위해선 그 점을 명확하게 알고 있어야 한다. 신입사원 때는 대부분 현장에서 고객들을 응대하거나 기초적인 일을 하게 되고 중간관리자가 되어서는 윗사람과 아랫사람의 중간 역할을 하게 된다. 고급관리자가 되면 조직의 큰 틀을 이해하고 부하 직원들에게 회사의 비전을 설명하고 목표를 제시하며 이끌어 나갈 줄 알아야 한다. 그런 과정을 거쳐 경험을 쌓고 위기관리 능력을 기르면 중역이나 경영진으로 합류할 수 있다.

대개 고급관리자가 되면 일 자체보다는 호감 지능에 따라 승진이 좌우되는 경향이 높다. 호감 지능이 높은 사람은 최종 인사권자가 중책을 맡기거나 자신의 곁에 두고 싶은 마음이 들도록 한다.

호감 지능은 공감하고 협력하는 인간 본성을 잘 드러내는 것이긴 하지만, 조직에서 습관화될 때 길러진다. 신입 사원 때부터 중간관리자, 주요 부서장 등 고급관리자나 중역으로 올라서면서 그때마다 상사나 부하 직원들과 어떤 식으로 관계를 맺고 호감을 이끌어낼 수 있을지 고민하고 방법을 모색해야 한다.

상사나 동료로부터 호감을 얻는 사람이 고객으로부터 호감을 얻고 결국에는 CEO로부터도 호감을 얻는다. 그러기 위해서는 조직 구성원들과 커뮤니케이션을 하는 요령이나 고객의 불만을 처리하는 기술, 난관에 부딪혔을 때 해결하는 방법, 회의나 출장 갔을 때의 준비 등 그때그때 취하는 행동들이 평소 잘 훈련되어 있어야 한다.

친구 같은
상사의 직위를 인정하라

chapter 01

어느 직장이나 나름의 독특한 분위기와 문화가 있기 마련이다. 엄격한 위계질서로 모든 의사결정을 위에서 아래로 내려보내는 탑-다운Top-Down 방식일 수도 있고, 반대로 구성원들 간의 자유로운 토론과 의견 개진으로 수평적 의사결정 구조를 갖는 곳도 있다. 새로운 직장에서 빨리 적응하고 성공하기 위해서는 기업의 문화를 재빨리 이해하고 받아들일 줄 알아야 한다. 상사나 동료들이 원하는 것이 무엇인지 또 그들이 보내는 신호들이 무엇을 의미하는지 알아채고 그것에 정확하게 반응한다.

직장이란 기본적으로 이기적인 욕망을 가진 개인의 집합체라는 사실을 잊지 말아야 한다. 직장이란 개인적인 친목을 위한 클럽도 아니고 영혼을 구제받기 위해 모인 종교집단도 아니다. 남들에게 선행을 베풀어 사회적 호감을 얻기 위한 봉사단체는 더욱 아니다. 직장이란 이윤을 창출하고 그것을 통해 성장하고 각 개인들이 살아가는 치열한 생존의 현장이다.

인간은 기본적으로 이기적이며 조직을 위해 희생하기보다는 조직을 이용하려 한다. 조직에 나쁜 영향을 미치는 한이 있더라도 자신의 이익부터 먼저 챙기려는 본성을 가진 개인들이 모인 곳이 바로 기업이다. 그래서 갈등과 반목, 시기와 질투, 음모와 배신 등 치졸하고 비열한 일들이 일상적으로 벌어진다.

그럼에도 각 구성원들은 다른 사람들로부터 칭찬받거나 좋은 평판을 얻기 위해 노력한다. 좋은 평판을 얻는 것이 궁극적으로 이익이 되기 때문이다. 비록 그것이 인간의 본성이 아닌 위선이라 할지라도 직장에서 더 많은 이익을 얻기 위해서는 타인들로부터 호감을 얻어야 한다. 좋은 평판과 그로 말미암은 이익의 추가는 바로 호감을 얻는 것에서부터 시작된다.

직장은 의사결정 구조가 민주적이냐 아니냐를 떠나 기본적으로 계급적이다. 아무리 민주적인 절차에 따라 의사가 결정되고 실행된다 하더라도 최고 경영자가 있고 말단 직원이 있게 마련이다. 서로 어떤 방식으로 대우하느냐는 나중의 문제다. 모든 조직에는 서열이 있고 그래서 계급적이다.

그래서 조직에서 각자의 지위를 깨닫고 그것을 인정하고 존중해 주어야 한다. 아무리 피라미드식의 계급구조가 싫다고 떠들어봤자 아무소용이 없다. 정점이 있으면 바닥이 있는 것이다. 물론 바닥에서 시작해 정점까지 오를 기회가 주어지는 것은 부차적인 문제다.

지위를 인정하고 존중해 준다는 것은 지위에 맞는 명칭과 태도, 말투 등은 말할 것도 없고 업무상의 고유한 권한과 권위 등을 총체적으로 인식해야 한다는 의미다. 개인적으로 친한 사이라고 해서 함부로부르거나 업무와 상관없는 일로 기분을 상하게 해서는 안 된다.

사장이 해야 할 일이 있고 부장이 해야 할 일이 따로 있다. 잘 안 되는 조직일수록 사장이 해야 할 일을 부장이 하거나 부장이 해야 할 일을 사장이 한다. 심지어 사장이 부장과 대리가 해야 할 일까지 하기도한다. 혼자 바쁘고 정신이 없지만 정작 성과는 형편없다. 대리가 할 일, 부장이 할 일, 사장이 할 일을 야무지게 정해놓고 각자 역할에 충실하면서 전체가 톱니바퀴처럼 척척 돌아가야 잘 되는 회사다.

요즘은 탈권위 시대라 해서 윗사람과 아랫사람이 격의 없이 잘 지내는 것이 미덕이라는 세상이다. 하지만 친한 사이일수록 예의를 지켜야 한다. 잘 지내던 커플이 결혼하고 사이가 나빠지는 결정적인 이유중 하나는 바로 예의를 지키지 않기 때문이다. 결혼 전에는 서로 지킬것은 지켜가며 조심하지만, 막상 결혼하고 나면 볼 것 안 볼 것 다 보게 되고 예의도 없어지며 서로에게 함부로 말하고 행동한다. 급기야 죽고 못 살던 사이가 죽이고 싶은 사이가 된다. 직장에서도 마찬가지다.

어느 회사의 사장은 이렇게 고백했다.

"처음 회사를 시작할 때는 나를 포함해서 모두 3명뿐이었다. 그때는 사적인 영역과 공적인 영역이 거의 구분이 없을 정도로 모든 게 자연스러웠다. 호칭도 별로 신경 쓰지 않았고 대화할 때도 회사 일과 개인의 일이 마구 뒤섞였다. 그것이 어색하거나 부담스럽지 않았다. 하지만 회사가 점점 더 커지고 직원 수가 늘면서 상황이 달라졌다. 서로 격의 없이 지낸다는 것이 때로는 회사 일에 방해가 된다는 것을 알게 되었다."

그래서 그 사장은 자신부터 말단 직원에 이르기까지 각자의 직위에 대해 엄격하게 인식하고 그에 따른 호칭과 말투, 태도 등을 정확하게 견지하도록 하였다. 덕분에 회사는 거듭 성장하는 과정에서도 서로 간의 관계 때문에 불편하거나 어색한 일이 없게 되었다. 그는 사적인 관계를 회사 밖으로 한정하면서 마음속에 간직한 이전의 끈끈한 정만큼은 끊어지지 않도록 노력하였다.

"훌륭한 부모는 자녀들과 친구처럼 지내는 것이다"라고 전문가들은 말한다. 하지만 부모가 친구처럼 지낼 수는 있지만, 친구는 아니다. 부모는 부모로서 존중받을 때 진정으로 부모 역할을 할 수 있다. 마찬가지로 직장에서도 상사는 상사로서 권위를 인정받고 존중받는 가운데 부하 직원과 관계를 이어가야 진정한 리더십을 발휘할 수 있다. 학교의 클럽처럼 선배, 후배 하면서 마구 뒤섞이다 보면 결정적인 순간에 각자의 본분을 잊고 예기치 못한 실수를 저지르거나 일을 망칠 수 있다. 관계도 놀이킬 수 없는 상황에 빠져들 수 있다.

친구 같은 상사, 참 좋은 말이다. 하지만 상사는 친구가 아니다. 평소 친밀하게 지낸다고 해서 상사로서의 권위를 무시해서는 안 된다. 직장은 일하는 곳이며 일이 잘 되기 위해서는 상사의 권위가 인정되어야 한다. 그렇다고 폭군처럼 안하무인으로 행동하면 바로잡아야겠지만 정당한 권위를 행사하지도 못할 지경이라면 큰 문제이다.

부하 직원들과 평등하고 자유로운 관계를 맺으면서 화기애애한 분위기를 조성하고 그것을 통해 생산성을 높이는 것은 문제 될 게 없다. 다만 결정적인 순간, 상사의 권위가 무시당하고 제 역할을 하지 못하는 일은 없도록 해야 한다. 그것은 전적으로 상사의 몫이다.

상사는 부하 직원을 평가하고 자리 이동을 할 수 있는 인사권이 있다. 따라서 인사고과 등을 통해 부하 직원에게 영향력을 행사할 수 있으며, 실제 그렇게 해야 할 때 과감하고 결단력 있게 함으로써 허튼소리가 아님을 증명해야 한다. 부드러운 리더십, 그 안에는 부하 직원이 느낄 수 있는 카리스마가 분명하게 있어야 한다.

윗사람을 호감으로 대하는
팔로워십

윗사람과의 관계를 어떻게 맺어야 할지 고민하는 사람들이 뜻밖에 많다. 상사의 성격이나 취향, 업무 스타일에 따라 적절하게 대응해야 하지만 그게 쉬운 것은 아니다. 무엇보다 상사는 자신의 업무성과와 능력을 평가하고 승진 등에 관한 주도권을 갖고 있기 때문이다.

　하지만 좀더 넓은 시각으로 바라보면 상사를 너무 어렵게 대할 것도 없다. 먼저 상사도 자신과 똑같은 사람이라고 생각해야 한다. 상사역시 경제적 이유 등 때문에 인해 조직에서 일하는 것이며 자신처럼 성과가 좋거나 칭찬받으면 기뻐하고 실적이 나쁘거나 질책받으면 기분이 가라앉는다. 그에게도 눈치를 보아야 할 윗사람이 있고 관리하고 보살펴야 할 부하 직원이 있다. 가정에서는 아내의 잔소리를 견뎌야 하는 남편이거나 남편과 티격태격하는 아내일 것이다. 사장이라 하더라도 은행이나 외부 업체에 가서는 비위를 맞추거나 머리를 조아려야 한다. 아무리 윗사람이라도 큰 틀에서 보면 자신과 별반 다르지 않다.

세상을 살다 보면 늘 봄볕 내리쬐는 좋은 시절만 있는 게 아닌 것처럼, 늘 좋은 윗사람만 만날 수는 없다. 때로는 극악무도한 성격의 상사를 모셔야 할 때도 있고 때로는 내 부모 형제처럼 다정다감한 사람과 인연을 맺기도 한다. 모진 윗사람을 만났으면 잘 견뎌야 하고, 멋진 윗사람을 만났으면 감사하고 즐겨야 한다. 그렇지만 어떤 상황이든지 결국 자신이 적응하고 이겨내야 한다.

아무리 못나 보여도 윗사람의 지위와 권한을 인정하고 존중해 주어야 한다. 상사 역시 치열한 경쟁을 뚫고 그 자리에 왔을 것이다. 상사 나름의 전략도 있고 경험도 있다. 분명한 것은 상사에게는 아랫사람에게 실적을 요구하고 인사이동을 할 수 있는 권한이 있다는 사실이다.

그렇다고 무조건 잘 보이려고 아부할 필요는 없지만, 조직에서의 지위와 그에 따른 권한과 책임에 대해서는 분명히 존중한다는 태도를 보인다. 만약 자신 역시 아랫사람을 두고 있는 경우라면 더욱 신중해야 한다. 자신이 윗사람에게 어떻게 대하느냐에 따라 자신이 부하 직원으로부터 어떻게 대접받을지도 결정되기 때문이다.

가장 중요한 사실은 먼저 '자기 일을 잘하는 것'이다. 윗사람으로부터 인정받고 싶다면 비위를 맞추기 위해 노력할 게 아니라 맡은 일부터 잘해야 한다. 주어진 분량의 업무를 원하는 수준에 맞게 정해진 기한 내에 정확하게 해내는 것, 그것이 윗사람에 대한 존경심을 가장 확실하게 표현하는 것이다. 자기 일도 제대로 처리하지 못하면서 상사의 단점이나 들춰내고 투덜대는 것은 자신의 어리석음을 스스로 알리는 것과 같다.

누구나 자신만의 업무 스타일이 있다. 큰 틀에서 방향만 제시하고 구체적인 일은 아랫사람에게 맡기는 사람이 있는가 하면, 시시콜콜한 일까지 모두 챙기고 관여하는 타입도 있다. 어느 것이 더 옳다고는 판단할 수 없다. 일하는 방식에 절대적인 가치란 존재하지 않기 때문이다.

부하 직원이 더 편하고 즐겁게 일할 수 있도록 하는 것이 항상 바람직하다고 말하기는 어렵다. 부하 직원이 하기 싫어하고 힘들어하더라도 조직의 목표를 위해 감내하도록 다독여 주어야 할 때도 있다.

윗사람의 업무 스타일을 파악하는 것은 아랫사람이 가장 먼저 해야 할 일이다. 나를 알고 적을 알아야 패하지 않듯이, 윗사람의 업무 스타일을 알아야 거기에 적응하고 대응할 수 있다. 어떤 문제든지 문서로 작성해서 보고하기를 좋아하는지, 구두로 간략하게 요점만 추려서 보고받기를 좋아하는지 정확히 알아야 한다. 사소하게는 사무실에 화분이 몇 개라도 있어야 좋다는 사람도 있고 필요 없다며 싫어하는 사람도 있다. 이렇듯 상사의 취향도 다양할 것이다.

윗사람이 새로 왔다면 그 사람의 특성을 재빨리 파악해야 한다. 평판이 좋은 사람이 상사로 온다면 더할 나위 없이 좋을 것이다. 그를 기쁜 마음으로 맞이하기만 하면 되기 때문이다. 문제는 그에 대한 정보가 부족하거나 평판이 썩 좋지 않은 사람이 윗자리에 새로 왔을 때이다. 이런 사람에 대해 우호적인 분위기를 연출하기는 사실 쉽지 않다.

사람이 바뀌면 업무 방식과 조직의 목표, 사무실 분위기 등 모든 것이 뒤바뀔 가능성도 있다. 따라서 누구나 새로 윗사람이 오는 걸 달가워하지 않는다. 정보가 없거나 평판이 좋지 않은 사람이라면 더 말할 나위 없다. 새로 온 상사 때문에 친하게 잘 지내던 상사와 헤어지게 된 경우라면 노골적으로 새로 온 상사에게 반감을 드러낼 수도 있다.

최악의 상황이라 하더라도 새로 온 윗사람에게는 우선 중립적인 태도를 취하는 것이 좋다. 편견이나 선입견 없이 있는 모습 그대로 이해하기 위해 애쓰는 것이다. 동료들과 새로 부임한 상사에 대해 섣부르게 평가하기보다는 차분한 태도로 지켜보고 그의 말에 귀를 기울이는 태도를 보여주도록 한다.

새로 부임한 상사 역시 새로운 환경에 빨리 적응하고 싶어 할 것이다. 이를 부하 직원이 도와주어야 한다. 사무실 문의 비밀번호와 옷걸이, 캐비닛 사용에 관해 설명해 준다면 이런 사소한 것들에도 상사는 고마움을 느끼고 조직원들에 대해 우호적인 감정을 갖게 된다. 그리고 질문하기를 주저하지 않아야 한다. 무엇을 어떻게 처리하면 좋을지 질문하면 새로운 상사는 결코 싫어하지 않을 것이다. 질문과 대답을 통해 자연스럽게 대화하고 공감하는 길을 열게 된다. 질문을 받은 상사는 자신이 존중받는다고 느낀다.

업무 스타일이나 목표가 다르다고 해서 "전임 상사는 그렇게 하지 않았습니다" 하고 말하지 않도록 주의한다. 전임 상사와 비교하는 것 자체가 결례일 뿐 아니라 자신의 첫인상을 나쁘게 만들어 두고두고 나쁜 영향을 줄 수 있다. 가장 중요한 것은 자기 일을 충실하게 잘 하는 것이다. 새로 온 상사의 비위를 맞추기 위해 눈치를 살피기보다는 묵묵히 자기 일에 열중하는 모습이 상사에게는 더없이 큰 힘이 되고 위안이 된다.

윗사람이 훌륭하게 보이도록 도와주는 것도 아랫사람의 중요한 역할이다. 윗사람 역시 그 윗사람들에게 잘 보이고 싶고 좋은 평판을 얻고 싶어 하기 때문이다. 공개적인 자리에서 윗사람의 의견이나 지시를 지지하고 윗사람이 없는 자리에서도 그에 대한 장점과 성취에 대해 우호적으로 이야기하는 습관을 들인다. 윗사람이 조직을 개편하거나 예산을 줄이는 등 냉혹한 임무를 맡아 처리해야 할 상황이라면 그를 비난하지 않도록 주의한다. 동료들과 어울려 윗사람을 험담하거나 그에게 불리한 여론을 형성하는 데 앞장서는 것도 좋지 않다.

윗사람에게 가장 필요한 것이 무엇인지 파악하는 것도 중요하다. 윗사람이 가장 시급하게 생각하는 업무는 무엇인지, 개인적으로 해결해야 할 고민이 있는지 잘 관찰할 필요가 있다. 윗사람이 사장의 급한 호출을 받았다면 가장 필요한 정보를 재빨리 정리해 드려야 한다.

서양과 달리 동양에서는 직설적으로 말하기보다는 에둘러 표현하는 문화가 있다. 말하지 않아도 상대가 알아서 잘 처리해 주기를 바라는 것이다. "뭘 이런 걸 다 주십니까. 괜찮습니다" 한다고 해서 "그래요?" 하고 주다 말면, 십중팔구 인정머리 없는 사람이란 소리를 듣는다. 상대가 괜찮다 해도, 억지로라도 안겨주어야 "잘했다"는 말을 듣는 것이다.

문화인류학자인 에드워드 홀Edward T. Hall은 정확하게 직설적으로 의사를 전달하는 것을 저맥락Low Context, 우회적으로 암시하는 간접화법을 고맥락High Context이라 했다. 간단하게 말하면, "돈 좀 빌려 주시오" 하면 저맥락이고, "아이 병원비가 필요한데 큰일 났네!" 하면 고맥락이다.

직장이나 비즈니스에서도 이 고맥락 문화를 잘 이해하고 적응할 줄 알아야 한다. 윗사람이 "김 대리, 영문과 출신이지?" 하는데, "예, 그런데요?" 하고 눈만 껌뻑거리면 안 된다. "예, 부장님. 영어 번역이라도 할 게 있나요?" 하고 답하면 센스 만점, 합격이다. 그것이 고맥락을 잘 이해하는 것이다.

윗사람의 시간을 낭비하지 않도록 해야 한다. 같은 일을 되풀이하지 않도록 하고 같은 지시를 두 번 세 번 반복해서 듣지 않도록 한다. 보고를 할 때도 미리 깔끔하게 준비해서 한 번에 오케이가 되도록 한다. 그러기 위해선 미리 준비하고 윗사람의 호출에 언제든지 응할 수 있는 자세를 갖춘다. 윗사람의 호출이 있다면 그와 대면하기까지 아주 짧은 순간에도 호출하는 이유를 알아채고 답변을 준비한다.

윗사람에게 도움이 필요하다면 주저할 이유가 없다. 윗사람들은 아랫사람들에게 한 수 가르치고 지도하는 걸 좋아하는 법이다. 윗사람에게 질문하고 도움을 청한다고 해서 무능하다는 소리를 듣는 건 아니다. 윗사람을 신뢰하고 그의 경험과 판단력을 존중한다는 의미로 받아들여진다.

군계일학보다는 팀워크를 중시한다는 인상을 주도록 한다. 윗사람은 스타플레이어들이 서로 잘났다고 나대는 것보다는 서로 협력하는 팀워크 플레이를 훨씬 선호한다. 몇몇 독불장군에 의존하는 것은 윗사람에게도 좋지 않다. 조직이 좋은 성과를 내고 안정적으로 유지되는 데에는 팀워크가 탄탄한 것이 훨씬 유리하기 때문이다.

윗사람을 건너뛰려 하지 말아야 한다. 도저히 어쩔 수 없는 상황이 아닌 한 윗사람을 제치고 그 윗선과 접촉하는 것은 옳지 않다. 잘못하다가는 조직의 질서를 무너뜨리고 자신의 이익만을 추구하려는 야비한 인간으로 낙인이 찍힐 수 있다.

한신韓信은 한漢나라 유방劉邦이 초楚나라 항우項羽를 물리치고 천하를 얻는 데 큰 공을 세운 사람이다. 유방은 한신을 초나라 왕으로 봉했다. 하지만 불안했다. 한신이 자신에게 도전할 것을 염려했던 것이다. 마침 항우가 데리고 있었던 장수 종리매가 옛 친구인 한신에게 몸을 의

탁하고 있었다.

유방은 종리매를 미워하고 있었다. 싸움터에서 그에게 많이 당했기 때문이다. 그런 그가 초나라에 있다는 것을 알게 되자, 유방은 종리매를 체포하라는 명령을 내렸다. 그러나 한신은 명을 거역했다.

유방은 진평의 책략에 따라 스스로 운몽이라는 곳에 행차하고, 제후들을 초나라 서쪽 경계인 진나라에 모이게 했다. 한신도 유방을 배알하려고 했다. 그러자 꾀가 많은 가신이 한신에게 속삭였다.

"종리매의 목을 가지고 가면 천자가 매우 기뻐하실 것입니다."

한신은 옳다고 생각하여 종리매에게 이 사실을 말했다.

종리매는 이렇게 말했다.

"유방이 초나라를 치지 못하는 것은 내가 있기 때문이네. 그런데 나를 죽여 유방에게 바친다면 자네도 당하고 말 것이네. 내가 잘못 보았네. 자네는 군주가 될 그릇은 아니군."

종리매는 스스로 목을 쳐 죽었다.

한신은 자결한 종리매의 머리를 유방에게 바쳤지만, 유방은 한신을 포박하게 했다.

화가 난 한신은 이렇게 말했다.

"교활한 토끼가 죽고 나면 사냥개도 잡혀 삶아지며, 높이 나는 새도 다 잡히고 나면 좋은 활도 광에 들어가며, 적국이 타파되면 모신도 망한다. 천하가 평정되었으니 나도 마땅히 팽당함이로다."

토사구팽兎死狗烹이란 말은 여기서 나왔다. 이 말은 원래 춘추전국시대 월나라의 재상이었던 범려가 했다. 월나라가 오나라를 멸망시키고 패권을 차지하게 된 이후, 월나라를 떠나면서 친구에게 남긴 것이다. 한신은 유방에게 포박을 당하면서 이 말을 전한 것이다.

유방이 천하를 얻을 때 그의 휘하에는 인재들이 많았다. 소하, 장량, 한신 등 한초삼걸漢初三傑 외에도 여섯 번의 교묘한 계책을 내놓았다는 진평이 대표적이다. 유방은 진평이 없었다면 몇 번의 죽을 고비를 무사히 넘기지 못했을지도 모른다. 공도 많이 세웠다. 그리하여 이후 우승상, 좌승상이 되는 등 승승장구하였다. 유방은 천하를 얻은 후 공신들을 엄청나게 죽였다. 그러나 진평은 살아남아 여생을 행복하게 보냈다. 한신은 죽지는 않았으나 모든 걸 잃었다.

왜 그랬을까? 유방은 한신을 불신했지만 진평은 신임했다. 진평은 공이 많았음에도 겸손했으나, 한신은 그렇지 않았다. 한신은 왕족 출신이었다. 언제든지 자신에게 도전할 사람으로 보였다. 하지만 출신이 미천한 진평은 그렇지 않았다. 진평은 돈 욕심이 많았지만, 그마저도 눈감아 주었다.

아무리 공이 많고 능력이 출중한 부하 직원이라 하더라도, 자신의 자리를 위협하거나 권위에 도전한다는 생각이 들면 경계할 수밖에 없다.

공자는 제자 안회에 대해 이렇게 말했다.

"온종일 있어도 듣기만 할 뿐 말하지 않는다. 때로는 바보처럼 보인다. 그러나 일상생활을 찬찬히 살펴보며, 내가 말한 그대로 행한다. 안회는 참으로 총명하다."

스승도 겸손한 제자를 좋아한다. 조직이나 회사에서도 마찬가지다. 상사의 능력을 앞지르고 자리마저 넘보는 부하 직원을 반가워할 상사는 없다. 부하 직원 중에서 이인자나 서열이 비슷한 부하 직원들은 특히 조심해야 한다. 설사 상사보다 출중한 능력을 갖추고 있더라도 드러내놓고 자랑하지 말 것이며 잘난 척하지도 말아야 한다. 내가 더 잘 알고 더 능력이 있어도 때로는 잘 못하는 척, 잘 모르는 척할 필요가 있다.

자신의 약점과 사생활에 대해 너무 잘 알고 있는 부하 직원도 부담스러울 수 있다. 그것을 빌미로 자신을 공격할 수도 있다고 의심할 수 있다. 때로는 상사 앞에서 눈뜬장님 시늉을 할 필요도 있다. 윗사람이 경계하고 두려워하는 부하 직원이 되지 않도록 한다. 윗사람은 너무 멀지도 너무 가깝지도 않게, 불가근불가원不可近不可遠하는 게 좋다.

윗사람에게 어려움을 호소하거나 불만을 털어놓아야 할 때가 있다. 지저분한 화장실이나 제대로 작동하지 않는 사무기기, 혹은 업무에 지장을 주는 동료, 공평하지 못한 인사고과 등 윗사람을 통하지 않으면 해결하기 어려운 일들이 끊임없이 일어나게 마련이다. 문제가 있는데도 묵묵히 견디는 것이 능사가 아니다. 인내하고 모른 척 넘어가는 것이 조직의 발전이나 성취에 오히려 방해될 수 있기 때문이다. 그렇다고 문제가 생길 때마다 윗사람에게 조르르 달려가서도 안 된다. 불평불만으로 가득 찬 문제아로 찍힐 수 있다.

윗사람에게 달려가기 전에 반드시 생각해 보아야 할 것은 그 문제가 과연 윗사람에게 보고하고 해결을 촉구할 만한 가치가 있는지의 여부다. 또한, 자신의 업무와 사무실 혹은 조직과 회사의 전체 업무에 지장을 주는 것인지 따져본다. 다른 사람이나 환경의 문제가 아니라 자신에게 문제의 원인이 있는 것은 아닌지도 곰곰이 생각해본다.

자신의 업무 스타일과 성격, 현실성 없는 업무 목표량 때문에 스트레스를 받고 있는 건 아닌지 잘 생각해 보아야 한다. 만약 윗사람에게 제기한 불만이 결국 자신에게 문제가 있는 걸로 판명되면 예상치 못한 고통을 떠안아야 할 수도 있다.

자신이 불만을 제기하고 해결을 요구할 만한 자격이 있는지도 살펴야 한다. 사무실에서 시끄러운 소리로 떠들거나 큰 목소리로 전화하는 사람이, 사무실이 소란스럽다고 불만을 제기하면 '자기 주제도 모른다'는 소리를 들을 수 있다. 지각을 밥 먹듯 하는 사람이 동료들이 시간 약속을 잘 지키지 않아 업무가 제대로 진행되지 않는다고 불평하는 것도 터무니없게 들릴 수 있다.

스스로 문제 제기를 할 만한 자격이 없다고 판단되면 과연 그 문제에 대해 누가 나서는 것이 좋을지 찾아본다. 그렇다고 여기저기 다니면서 소란을 피워서는 안 된다. 제 앞가림도 못하는 불평불만만 하는 사람이라는 소리를 들을 수 있다.

보고할 가치가 있는 불만 사항이라는 판단이 들더라도 무턱대고 윗사람에게 찾아가서는 안 된다. 불만 사항을 뒷받침할 만한 자료들을 충분히 확보하고 자신의 요구가 결코 과장되거나 터무니없는 것이 아니라는 사실을 증명해야 한다. 윗사람이 아무리 열린 마음으로 귀 기울여 준다 하더라도 명확한 근거나 증거 없이 얘기하면 안 된다. 윗사람 역시 합리적이고 현명한 판단을 하고 싶어 하며 그것을 위한 근거 자료는 정확해야 한다.

윗사람의 보고 받는 스타일도 잘 알아두어야 한다. 구두로 간략하게 보고하는 것을 좋아하는 타입인지, 문서로 정확하게 표현해서 보고하는 것을 선호하는지 알아둔다. 상황이 매우 급할 경우 구두로 먼저 보고하고 문서 작업을 추가한 다음 다시 자세하게 보고하는 것이 좋다. 보고 요건을 갖춘다며 문서 작성을 하느라 결정적인 순간을 놓칠 수 있기 때문이다. 보고서의 형식, 문구, 구두점 하나까지 따지고 드는 상사라면 문서 작성에 더욱 시간이 걸릴 수 있다.

불만 사항을 보고해야 한다면 타이밍을 잘 잡는 것이 매우 중요하다. 윗사람이 급하게 해결해야 할 업무가 있다거나 복잡한 상황에 처해 있다면 피하는 것이 좋다. 아침에 출근하자마자 사무실로 찾아가는 일은 없도록 한다. 적어도 차 한 잔 마실 여유는 드리도록 하자.

불만사항을 해결할 방안도 준비해 두어야 한다. 노조와 협의할 문제인지, 법률 전문가의 도움을 받아 해결해야 할 일인지, 사내 게시판을 통해 공지해야 할 사항인지 등 문제를 해결할 수 있는 대안도 함께 제시한다.

문제에 대한 해결책은 윗사람이 결정한다. 하지만 윗사람이 문제

제기를 한 사람에게 해결책이 무엇인지 질문해 올 수도 있다. 이때 나름의 해법을 제시하면 문제에 대해 진심으로 고민하고 있다는 인상을 줄 수 있다. 그렇다 하더라도 누군가에게 치명적인 조언을 해서는 곤란하다. 특정인을 지명하며 "당장 해고해야 합니다." "다른 부서로 쫓아내는 것이 옳다고 봅니다"와 같은 극단적인 말은 피하는 것이 좋다. 그것들이 부메랑처럼 다시 돌아와 언젠가 자신의 발목을 잡을 수도 있다.

관리자라면 반드시 알아야 할
3M 리더십

chapter 03

어느 위치에 있든지 나름의 어려움과 고충이 다 있기 마련이다. 관리
자의 경우 위로는 사장 등 경영진을 보좌해야 하고 아래로는 부하 직
원들을 통솔하고 관리해야 하므로 세심한 주의가 필요하다. 위로부터
내려오는 명령이나 지시를 아무 생각 없이 아랫사람에게 전달하고 성
과가 나오기만을 재촉하면 아랫사람으로부터 비난받게 된다. 자전거
탈 때의 모습처럼, 윗사람에게 머리를 숙이고 아랫사람을 밟으면 '자
전거 맨'이 된다. 그렇다고 윗사람에게 사사건건 시비를 가리려 하거
나 부하 직원들의 입장을 두둔하기만 해서도 안 된다.

관리자의 가장 중요한 역할은 '아랫사람들에게 회사의 목표와 비전을 각인시키고 그것을 향해 힘을 합쳐 함께 나아가게 하는 것'이다. 윗사람과 아랫사람들과의 조화, 즉 중간자 역할을 하기 위해 관리자가 존재하는 것이다. 새로운 직원을 채용하거나 해고하는 것에서부터 업무 분할과 실적 평가 등 업무와 직결된 것은 물론이고 양적으로 규정하기 어려운 여러 측면에서의 기술을 발휘해야 한다.

관리자의 모습도 시대와 함께 많이 달라졌다. 부하 직원들을 협박하거나 윽박질러서 성과를 내던 시절은 지나갔다. 지금은 아랫사람을 존중하고 배려할 줄 아는 관리자를 필요로 한다. 자신의 능력과 적성을 제대로 이해하고 스스로 물러날 줄도 알고 반대로 적극 도전해 성취할 줄도 알아야 한다.

관리자의 성공 척도는 사장과 조직의 장에서부터 말단 부하 직원에 이르기까지 얼마나 존중받고 신임을 얻는가이다. 윗사람은 믿고 일을 맡기고 아랫사람은 진심으로 믿고 따르는 것이야말로 관리자가 누릴 수 있는 최고의 행복이다. 그것은 단순히 업무를 효과적으로 잘 이끌어 나간다는 의미 외에도 인격적인 면에서 성숙하다는 뜻이기도 하다.

관리자는 회사의 목표와 경영 철학을 항상 염두에 두어야 한다. 난관에 부딪혔을 때 침착하게 대응하고, 다른 사람을 존중하고 정확하게 의사소통을 할 줄도 알아야 한다.

관리자의 태도는 조직의 분위기와 구성원들의 심리상태를 좌우하는 데 결정적인 역할을 한다. 합리적인 태도로 긍정적인 분위기를 이끌어 내는 관리자가 있는가 하면, 무소불위無所不爲의 권력이라도 가진 듯 부하 직원들을 거칠게 몰아붙이는 사람도 있다. 당장 성과를 내지 않으면 해고하거나 다른 부서로 내쫓아버리겠다며 협박하기도 한다. 하지만 이런 태도는 바람직하지 않다. 눈앞의 성과를 내는 데는 효과를 볼 수 있겠지만, 장기적으로는 손해이기 때문이다. 구성원들의 자부심과 자발성, 의욕, 구성원 간의 신뢰, 관리자에 대한 존경심 등이 손상돼 결국은 생산성과 효율성이 떨어지고 만다.

부하 직원들을 빈틈없이 감시하고 압박하는 것이 관리자의 역할이라고 생각하면 부하 직원들 역시 관리자의 감시에서 벗어날 궁리 밖에 하지 않는다. 그렇게 되면 창과 방패처럼 서로 적대적인 관계가 형성될 것이고 신뢰와 존중이라는 미덕은 온간 데 없이 사라지고 만다.

관리자는 구성원들의 자질과 재능을 잘 파악하고 그것들이 조화롭게 발현될 수 있도록 이끌어 주어야 한다. 관리자는 바둑판의 바둑알을 옮기듯 부하 직원을 마음대로 이 자리 저 자리로 옮기고 기분에 따라 여과 없이 비난하고 질책할 권한이 있다고 생각해서는 안 된다. 회사는 일을 하는 프로의 집단이고 관리자는 각각의 프로들이 즐거운 마음으로 최상의 결과를 낼 수 있도록 이끌어 주는, 오케스트라의 지휘자 같은 역할을 해야 한다.

관리자는 자신이 맡은 부서의 성과와 자신의 말과 행동에 대해 용기 있게 책임질 줄 알아야 한다. 윗선의 지시를 잘못 이해하는 바람에 부하 직원들이 쓸데없는 고생을 했다든지 자신의 판단 실수로 일이 잘못 되었다면 솔직하게 인정하고 사과할 줄 알아야 한다. 핑계를 대거나 잘못을 다른 사람에게 전가하면 비겁하고 야비해 보일 수 있다. 그래서는 부하 직원들로부터 신뢰를 얻거나 존경받지 못한다.

관리자도 사람이다. 실수할 수도 있고 판단을 잘못 할 수도 있다. 중요한 것은 실수하거나 잘못했을 때 깨끗이 인정하고 사과하는 것이다. 부하 직원들도 그런 상사를 믿고 따른다.

관리자는 자신이 부하 직원들보다 경험이 많긴 하지만 모든 것을 다 알고 있으며 어떤 문제든 척척 해결할 수 있는 슈퍼맨 같은 사람이 아니라는 것을 알아야 한다. 부하 직원이 질문했을 때 모르겠으면 솔직하게 "잘 모르겠습니다"라고 말하고 "필요하다면 확인해서 알려드리겠습니다"라고 말해 주어야 한다. 윗선에 확인해야 할 사항이라면 기꺼이 나서야 한다. 윗선에서 알아서 할 일이니 나는 모르겠다는 태도는 부하 직원들로부터 신뢰를 잃게 할 뿐이다.

관리자는 중심이 똑바로 서 있어야 한다. 윗사람의 의견이나 외부 기관이나 전문가의 말에 휘둘려 갈팡질팡하는 모습을 보여서는 안 된다. 윗사람의 지시나 명령이 부당하다고 판단되면 과감하게 자신의 의견을 말하고 팀원들의 처지나 형편을 윗사람에게 알릴 줄도 알아야 한다. 관리자가 중심을 못 잡고 헤매면 팀원들 모두가 방향을 잃고 좌충우돌하게 된다.

정보를 알려주거나 지시할 때는 명확해야 한다. 반드시 해야 할 일인지, 검토한 다음 알아서 처리해도 된다는 것인지, 해서는 결코 안 되는 일인지 분명하게 알려 주어야 한다. 부하 직원의 질문에 "좀 생각해 보지 뭐"라고 말해 놓고선 답변을 주지 않으면 부하 직원은 손을 놓고 상사의 입만 바라보며 애간장을 태우게 된다. 안 되는 것은 "안 된다"고 분명하게 말해 주어야 부하 직원은 다른 일에 몰입할 수 있다.

성과가 나쁘거나 기대치보다 실적이 나오지 않았을 때 부하 직원에게 책임을 묻고 질책하기보다는 함께 책임져야 한다. 특정인 누구 때문에 일이 잘못되었다며 공개적으로 비난하기보다는 "우리가 실수했나. 다음에는 같은 실수를 반복하지 말자"며 함께 책임지고 분발하는 모습을 보여야 한다. 그런 관리자에게 부하 직원들은 믿음을 기린다. 일이 잘못 될 때마다 부하 직원에게 책임을 지우면 부하 직원들은 실패나 실수에 대한 두려움 때문에 아예 도전하려 하지 않는다.

일이 잘되었을 때 그 공을 혼자 차지하는 관리자는 결코 존중받을 수 없다. 팀원 전체에게 공을 돌리고 특히 공을 세운 특정인이 있다면 공개적으로 칭찬하고 보상한다. 팀원들이 함께 노력하고 고생해서 얻는 성과가 자신의 훌륭한 리더십 때문이라며 자랑하면 팀원들의 사기와 의욕을 떨어뜨리고 팀워크를 해치게 된다.

관리자는 팀원들에게 늘 열린 자세를 보인다. 자신의 사무실이나 책상에 코를 박고 서류 더미에 파묻히거나 개인적인 용무 때문에 팀원들에게는 관심을 두지 않는 모습을 보여서는 안 된다. 사무실 문을 열어놓고 누구든 필요하면 언제든 들어올 수 있도록 한다. 부하 직원이 한번 만나려면 한참을 망설여야 하는 어려운 관리자라면 소통에 실패한 사람이다. 그런 관리자와 부하 직원이 힘을 합쳐 좋은 성과를 낼 리만무하다.

많은 관리자들이 윗사람의 동태를 살피는 데 골몰할 뿐 정작 자신의 부하 직원들에게는 무관심하다. 윗사람에게 보고하거나 윗사람의 눈에 들기만을 기다릴 뿐 부하 직원들이 무슨 일을 하고 있으며 무슨 고민이 있는지 알려고 하지 않는다. 하지만 말단 직원과 현장에서 고객과 접하며 일하는 팀원들이야말로 회사에 꼭 필요한 정보를 가장 많이 알고 있다. 현장의 목소리를 잘 듣고 윗선에 진실을 알리는 것도 관리자의 중요한 책무다.

관리자는 다른 사람들로부터 착하다는 소리를 듣지 못하면 불안해하고 불편해하는 착한 사람 콤플렉스에 빠지지 않도록 한다. 사람들은 누구나 다른 사람들로부터 좋은 평판을 얻고 싶으며 착하다는 소리를 듣고 싶어 한다. 하지만 관리자가 아랫사람들로부터 착한 사람 소리를 들으면 무능하다는 의미일 수 있다. 아랫사람 비위나 맞추고, 아랫사람이 싫어하는 일은 시키지도 못하고, 잘못한 것에 대해 질책하거나 징계를 내리지도 못하는 허수아비 상사라는 것이다.

마키아벨리는《군주론》에서 "인간은 두려워하던 자보다도 애정을 느끼던 자에게 더 가차 없이 해를 입힌다. 원래 사람은 이해타산적이어서 단순히 은혜로 맺어진 애정쯤은 자기와 이해관계가 부딪치는 기회가 생기면 즉시 끊어버리기 때문이다"라고 말했다.

세계적인 헤드헌팅 기업 이곤 젠더 인터내셔널Egon Zehnder International 클라우디오 페르난데즈-아라오즈Claudio Fernández-Aráoz 수석 고문은 "인재를 뽑는 것보다 기존 인력을 내보내는 것이 때로는 더 중요하다"고 말한다. 위대한 기업일수록 기준을 엄격하게 세우고 거기에 따라 일관되게 인사 결정을 해야 한다는 것인데, 해고 역시 마찬가지다. 관리자가 아랫사람을 해고하는 최종 결정권자는 아니지만 최고 결정권자에게 건의할 수는 있다. 만약 그런 결정이 잔인하다고 생각이 들어 제대로 일하지 않거나 못하는 사람을 그냥 놔두면 다른 부하 직원들의 충성심과 의욕이 꺾일 수 있다. 중요한 것은 원칙을 정확하고 한결같이 지키고 적용하는 것이다.

관리자는 조직의 목표를 향해 앞장서서 나아가야 할 사람이다. 때로는 아랫사람이 하기 싫어하는 일도 지시하고 성과를 내지 못했을 때 질책할 줄도 알아야 한다. 좋은 약은 입에 쓰지만, 몸에 좋은 법이다. 윗사람의 쓴소리가 때로는 아랫사람과 조직에 보약이 될 수 있다.

훌륭한 관리자는 부하 직원들에게 조언해 주고 올바른 방향으로 이끌어주는 멘토Mentor가 되어야 한다. 업무와 관련된 사항은 말할 것도 없고 개인적인 고민이나 집안 문제 등에 대해 아낌없이 조언해 줄 수 있어야 한다. 조언을 구한다는 것은 신뢰하고 존중한다는 의미다.

관리자는 스스로 부하 직원들에게 모델Model이 된다는 사실을 명심한다. 윗사람을 대하는 태도, 업무 처리 방식, 위기에 봉착했을 때 대처하는 방법, 책임과 의무에 대한 인식 등 모든 것들이 부하 직원들에게 모범이 되어야 한다. 또한, 관리자는 동기를 부여하는 모티베이터 Motivator가 되어야 한다. 현명한 관리자는 부하 직원들이 최선을 다해 회사 일에 충실하고 회사에서 지켜야 할 가치와 규범을 잘 유지할 수 있도록 사기를 북돋워 준다. 3M, 다시말해 멘토와 모델, 모티베이터 이 세 가지 역할을 모두 잘하는 사람이 훌륭한 관리자다.

올바르고 세련된
직장인 소통법

c h a p t e r 0 4

낯선 사람들이 북적대는 대도시에서는 무례하게 굴거나 염치없이 행동하는 사람이 많다. 서로 모르는 사이인데다 다시 만날 일이 거의 없기 때문에 제멋대로 행동하고 배려하지 않는 것이다. 인터넷 공간에서 악성 댓글들이 무수히 달리는 것 역시 익명성에 기대 악의를 드러내는 몰염치한 짓이다. 하지만 직장은 다르다. 구성원들에 대한 정보가 훤히 노출돼 있기 때문에 익명성에 기대 몰래 숨기도 어렵다. 다른 사람을 도울 줄 알고 배려할 줄 아는 훌륭한 인격의 소유자라는 평판을 얻는 것이 훨씬 유리하다.

혼자서 모든 일을 다 해결할 수 없는 게 직장생활이다. 누군가의 도움이 절실할 때도 있고 누군가를 도와주어야 할 때도 있다. 남이야 어찌 됐든 상관없다는 태도를 보인다면 자신 역시 도움이 절실할 때 아무런 도움을 받지 못하게 된다. 지금 당장 누군가를 돕는다는 것은 미래의 어느 시점에 내가 필요할 때 도움을 받을 수 있는 일종의 보험 같은 것이다.

반대로 먼저 도움을 요청해야 할 때도 있다. 하지만 도움을 요청하는 것이 쉽지는 않다. 부탁을 잘못했다가는 염치없다거나 뻔뻔스럽다거나 게으른 사람이라는 오해를 받을 수 있기 때문이다. 또한, 상대가 무척 바쁘거나 다른 일에 신경 쓸 겨를이 없는 상황인 것을 모르고 도움을 요청했다가는 눈치 없다는 소리를 들을 수도 있다.

도움을 잘 요청하지 못하는 사람들은 대개 마음이 약한 편이다. 도와달라고 요구했다가 거절당하면 어떻게 할까 하는 두려움이 앞서기 때문이다. 이런 사람들은 연애할 때도 마찬가지다. 거절당했을 때 느끼게 될 부끄러움 때문에 마음을 표현할 용기조차 갖지 못한다.

상대에게 미안하거나 거절당했을 때의 무안함 때문에 도움을 요청하지 못하는 경우라면, 왜 도움을 요청하는지 먼저 확신이 있어야 한다. 도움을 요청하면 무엇을 얻을 수 있을지 먼저 생각한다. 왜 부탁을 해야 하는지, 그 목적과 목표가 분명해야 한다. 부탁함으로써 이익을 얻을 것인지, 더 큰 손해를 감내해야 하는지 인식해야 한다.

거절에 대한 두려움 때문에 도움을 요청하지 않는다면 프로 정신이 부족한 것이다. 직장 생활이나 비즈니스 상황에 어울리지 않는 사람이다. 대신 도움을 받을 때는 분명하게 감사의 표시를 한다. "감사합니다"라는 말로 끝날 수도 있고 점심을 사거나 술을 살 수도 있다. 도움에 대한 명확한 감사의 표시는 반드시 은혜를 갚겠다는, 배은망덕하지 않은 사람이라는 인상을 준다.

도움을 요청받고서도 도와주지 못할 상황일 때는 주의한다. 남의 도움을 모르는 체하는 야박한 사람이라는 평가를 받을 수 있기 때문이다. 만약 야근을 감수하고서도 동료에게 도움을 주었다면 야근 수당을 기대해서는 안 된다. 순전히 선의로 도와준 것일 뿐 보답을 원하는 것이 아니라는 모습을 보이는 것이 좋다.

남의 부탁을 잘 거절하지 못하면 남들이 습관적으로 도움을 요구할 수 있다. 선의를 악의적으로 이용하는 약삭빠른 사람들이 있기 때문이다. 상대의 여린 마음을 이용해 부탁을 습관적으로 하는 사람은 감사의 마음을 갖지 않는다. 당연하게 부탁을 들어주어야 한다고 여긴다. 만약 부탁을 거절하게 되면 서운해하면서 악의적인 소문을 퍼트릴 가능성도 있다.

부득이하게 상대의 도움 요청을 거절해야 할 상황이라면 그 이유를 명확하게 밝혀야 한다. 자신이 도저히 감당할 수 없는 업무를 지시받거나 부탁받았을 때에는, 당장 처리해야 할 다른 매우 급한 일이 있다는 등 상황을 설명하고 이해를 구한다. "이번에는 도움을 주지 못해 미안하지만, 다음에는 꼭 돕겠습니다"라고 말한다.

잘못을 저질러놓고서도 변명을 잔뜩 늘어놓는 사람들이 있다. 변명을 잘하는 사람들은 기막히게 변명거리를 잘 찾는다. 자신의 잘못을 주위 사람이나 환경 탓으로 돌린다. 사과할 이유도 없다고 생각한다. 이런 사람이 좋은 평판을 얻거나 호감을 얻을 리 없다.

잘못이 있으면 깨끗하게 인정하고 사과한다. 사과는 진심으로 한다. 마음에도 없이 입으로만 사과하면 상대는 그것을 느끼게 된다. 하지만 진심은 통하게 마련이다. 작은 실수라도 진심으로 사과하면, 전화위복이 될 수 있다.

이메일이나 문자메시지 등 글로 사과의 뜻을 전하는 것도 좋다. 글은 말이 갖지 못하는 묘한 힘이 있다. 말로 표현하지 못하는 마음을 훨씬 겸손하고 조리 있게 전달할 수 있다. 직접 종이에 자필로 쓴 사과 편지도 상대의 마음을 더 잘 움직일 수 있다. 자필 편지는 상대에게 자신의 진심을 생생하게 느낄 수 있게 한다. 정성이 담긴 작은 선물과 함께 자필로 쓴 사과 편지를 곁들이면 금상첨화다.

하지만 사과도 너무 자주 습관적으로 하지 않도록 한다. 무슨 일이 생길 때마다 "제 잘못이 큽니다." "제 탓입니다"라고 하면, 오히려 진심이 느껴지지 않는다.

부하 직원의 잘못이 명백한데도 "내 잘못이 큰 것 같네, 미안하네" 하고 말하는 것도 현명한 처사가 아니다. 부하 직원이 잘못할 때마다 상사가 내 탓이라고 해버리면, 부하 직원은 자신의 잘못을 인정하지 않거나 대수롭지 않게 여기게 된다. 같은 실수를 반복할 가능성도 크다. 상사로서 도의적인 책임을 느끼더라도, 부하 직원에게 분명하게 잘못을 지적하고 다시는 같은 잘못이 반복되지 않도록 일깨워 준다.

부하 직원이나 동료의 잘못을 반드시 지적하고 바로 잡아야 할 때도 있다. 하지만 지적과 질책은 하는 사람이나 당하는 사람 모두 불편할 수밖에 없다. 선의로 지적하고 질책을 하더라도 상대가 악의적으로 받아들이거나 해석할 가능성도 있다.

부모가 실수한 아이를 심하게 때리거나 모욕적인 말을 내뱉고서는 자식을 사랑하기 때문이라고 말하는 것은 모순이다. 현명한 부모라면 아이의 마음을 움직여 아이 스스로 변하도록 한다. 직장에서도 마찬가지다. 아랫사람을 질책할 때 감정에 치우쳐 볼썽사나운 모습이 연출돼지 않도록 한다. 질책을 잘못하게 되면 업무와 인간관계 모두 나빠질 수 있다.

잘못이 발견되었을 때 그 자리에서 바로 지적하고 질책해야 할지 판단한다. 현장에서 당장 바로 잡지 않으면 중대만 문제가 발생할 경우라면, 망설일 필요는 없다. 많은 사람들이 보고 있는 상황이라 하더라도 주저할 이유가 없다. 하지만 당장 공개적으로 지적하고 질책할 필요가 없는데도 의도적으로 그렇게 하는 사람들이 있다. 관리 감독해야 하는 상사 입장에서 당연한 일이긴 하지만, 마치 자신의 존재를 과시라도 하듯 과장된 행동을 하는 꼴불견들이 있다. 사람들이 많이 모인 자리에서 특정인을 지목하며 큰 잘못을 저지르기라도 한 것처럼 말하는 것이다.

이럴 경우 지적당하는 사람은 억울하다. 지적을 한 사람은 당연히 해야 할 일을 멋지게 했다고 여기지만 지적을 당한 사람은 의욕을 잃고 복수할 날을 기다릴 수도 있다. 아무리 큰 잘못을 저질렀어도 공개적으로 지적당하고 질책당하면, 모욕감 때문에 반성하기보다는 반발심만 더 커지게 된다.

공개적으로 지적하고 질책하기 좋아하는 사람들은 호감을 얻기 어렵다. 감정 조절이 잘 안 되고 다른 사람의 인격쯤은 아무렇지도 않다고 여기는, 인격적으로 성숙하지 못한 사람으로 여겨지기 때문이다.

질책할 때는 먼저 질책해야 할 사실에 주목한다. 질책하고자 하는 내용이 사실인지 확인하고 그것에 집중한다. 아무런 상관도 없는 문제나 지난 일들을 엮어 같은 질책을 되풀이하지 않도록 한다.

질책을 쏟아내고선 찬바람을 일으키며 자리를 떠나버리는 것도 좋지 않다. 지적하고 질책하는 것에 대해 상대가 잘 이해하고 받아들였는지 살펴본다. 대안을 제시하거나 업무 방향을 새롭게 바로잡아 주어야 한다. 질책은 일을 잘되게 하거나 상대의 발전을 이끌어내기 위해서 하는 것이기 때문이다.

청중들을 대상으로 실험했다. 강사가 "지금부터 제가 하는 말은 순전히 거짓말입니다. 정말 마음에도 없는 소리를 하는 것이니 그냥 한번 들어 보세요"라고 말했다. 청중들의 시선이 강사의 입으로 쏠렸다.

강사가 "여러분들은 모두 어쩌면 이렇게 멋지세요? 다들 인물들도 좋으시고 제가 이렇게 여러분들 앞에 서 있는 것만으로도 기분이 엄청나게 좋아집니다"라고 말했다. 그러자 청중들의 얼굴이 환해졌다. 모두 싱글벙글 웃으며 강사를 바라보았다.

거짓인 줄 뻔히 알면서도 칭찬을 듣고 난 청중들의 반응은 예상보다 훨씬 긍정적이었다. 기분이 좋을 때 분비되는 호르몬인 도파민을 측정하였더니 칭찬을 듣기 전보다 훨씬 양이 늘어났다. 마음에 없는 칭찬이라도 상대가 얼마든지 즐거워하고 심지어 감사해 한다는 사실을 증명한 것이다.

칭찬은 가능하면 구체적으로 분명한 사실을 근거로 하는 것이 좋다. 왜 칭찬 받을 만한 것인지 상대가 확실하게 인시할 수 있이야 효과가 제대로 나타난다. 상대의 헤어스타일이나 패션 소품, 어떤 행동이나 말에 대해 구체적으로 칭찬한다. 막연하고 추상적인 칭찬은 상대를 당황스럽게 하거나 칭찬의 의도를 의심받을 수 있다.

하지만 반드시 그런 것만도 아니다. 막연한 칭찬도 효과가 있을 수 있다. 미국의 어느 자동차 판매왕은 크리스마스나 추수감사절, 신년, 생일 등에 맞춰 고객들에게 카드를 보냈다고 한다. 무려 1만 명이 넘는 고객들에게 친필 사인을 넣은 카드를 보낸 것이다. 그 많은 카드를 어떻게 일일이 보냈을까? 답은 의외로 간단했다. 고객 모두에게 "나는 고객님을 사랑합니다"라는 문구가 인쇄된 카드를 일괄 제작하여 자신의 사인만 써넣은 것이었다.

그럼에도 효과는 만점이었다. 카드를 받은 고객들은 대부분 좋은 인상을 받았으며 그를 통해 자동차를 구매하거나 다른 사람들에게 소개해 주어야 한다고 생각하게 되었다는 것이다.

고객들은 그가 자동차 판매를 위해 카드를 보냈다는 것을 잘 알면서도 "자신을 사랑한다"는 말에 기분이 좋아졌고 보답하고 싶다고 여긴 것이다. 이처럼 입에 발린 소리라는 것을 알고 있으면서도 그것을 좋아하게 마련이다. 사기를 치거나 상대를 속이기 위한 악의적인 칭찬이 아니라면 대부분의 사람들은 그것이 진심이 아니어도 그것이 사실이라고 믿는 경향이 있다.

상사도 부하 직원으로부터 칭찬을 들으면 좋아한다. 아침 출근길에 활짝 웃는 얼굴로 "부장님 안녕하세요? 오늘 좋아 보이시는데요!"라고 인사하는데, 싫다 할 사람은 없다. 회식 자리에서도 "부장님이 만드신 폭탄주가 제일 맛있어요!" 하면서 단숨에 마시면, 좋아한다.

지위가 높고 나이가 많을수록 사소한 것에 더 감동한다. 나이가 들고 지위가 높을수록 외롭다. 그래서 부하 직원의 칭찬이 입에 발린 소리라는 걸 알면서도 좋아한다. 칭찬도 습관이다. 칭찬을 자주 하다 보면 어느새 좋은 습관이 된다.

직장이나 비즈니스 세계에서 활기차고 유쾌한 자리를 만들어 낼 줄 아는 것은 큰 장점이다. 재미있는 말들을 폭포처럼 쏟아내 좌중을 압도하는 사람이 있는가 하면, 조용히 있다가 어느 순간 좌중을 완전히 뒤집어버리는 사람도 있다. 유머는 짧은 순간에 반짝하고 그 빛을 발하는 것이 진정한 매력이다. 그런 유머를 구사하는 사람이 고수다.

유쾌한 사람이 호감을 얻는 것은 분명하지만, 억지로 웃기려는 것만큼 상대를 부담스럽게 하는 것도 없다. 지위가 높은 사람일수록 그럴 가능성이 높다. 지위가 높은 사람은 아무리 썰렁한 유머를 구사해도 아랫사람들이 비위를 맞추기 위해 억지로 웃어 주기 때문에 자신이 유머감각이 뛰어난 사람인 줄 착각하기 쉽다.

지위가 낮은 사람은 반대다. 괜히 분위기를 띄워보겠다며 유머를 날렸다가 오히려 분위기가 가라앉게 되면 면전에서 구박당하거나 미운털이 박혀 두고두고 시련을 겪을 수 있다. 직위가 낮은 사람일수록 잘못된 유머가 독이 될 수 있다는 걸 알아야 한다.

공식적인 자리에서의 유머는 특히 조심해야 한다. 진지한 토론이나 중요한 업무 보고가 이뤄지는 자리에서의 느닷없는 유머는 참석자들을 당황하게 할 수 있다. 유머를 구사하려면 확실하게 자신 있는 유머를 하는 게 좋다. 어설픈 유머를 했다가는 분위기만 망치고 실없는 사람이란 소리를 들을 수 있다.

간혹 유머를 메모해 들고 다니는 사람도 있다. 하지만 그런 사람들은 대개 감각이 떨어지는 타입이다. 타고난 감각이 없다면 메모를 하고 외워두면 좀 낫기는 하겠지만, 그걸 제대로 써먹기는 쉽지 않을 것이다. 어떤 상황에 절묘하게 맞아떨어지는 유머를 재빨리 끄집어내 풀어놓아야 하는데, 이것이 쉽지 않기 때문이다. 감각이 떨어지는 사람은 타이밍을 제대로 맞추지 못하거나 상황에 어울리지도 않는 생뚱맞은 유머를 구사하기도 한다.

'필살기로 준비해 둔 유머를 한번 써먹어야겠다'라고 생각하고선 그걸 터트릴 때만을 기다리는 사람이 있다. 남들이 한창 떠들 때도 입을 꾹 다물고 때를 기다린다. 비장의 무기를 터트릴 기회만 엿본다. 하지만 결국 타이밍을 잡지 못하고 필살기를 제대로 써 먹어보지도 못한다. 필살기는 필살기대로 딱 품고 있더라도 그것에 연연하면 안 된다. 잊은 듯이 있으면서 대화에 관여하다가 어느 순간 기회가 왔을 때 자동으로 튀어나오게 해야 한다. 아무리 훌륭한 유머라도 이제나저제나 터트릴 기회를 엿보느라 노심초사하다 보면 대화의 흐름을 놓쳐 결국 기회를 포착하지 못하고 만다.

유머는 타이밍이 생명이다. 너무 앞서 나가도 안 되고 너무 뒤처져서도 안 된다. 한 방 터트려야겠다고 생각하다 보면 오히려 긴장되고 경직되어 감각이 마비된다. 상황을 즐기면서 편안하게 듣는 게 낫다. 남의 말을 잘 듣고 흥에 겨워지다 보면 절로 유머가 튀어나오게 돼 있다. 유머를 잘하는 사람은 남의 말을 잘 들을 줄 안다. 타이밍을 잘 잡는다는 것은 남의 말을 잘 듣는다는 의미다.

유행하는 개그 프로그램을 즐겨보면 유머 구사에 도움이 된다. 개그 프로그램을 보면 마음이 즐거워지고 유머 감각도 키울 수 있다. 즐거운 마음 상태를 유지하다 보면 자연스레 유머를 구사할 수 있게 된다. 개그 프로그램에서 유행하는 말은 누구나 빨리 공감하기 때문에 효과가 즉각적으로 나타난다.

유머를 잘 구사하기 위해선 분위기 파악이 우선이다. 유머를 해도 되는 상황인지 잘 살피지 않으면 눈치 없다는 소리를 듣기 십상이다. 기분이 좋을 때는 동료의 질문에 "궁금해요? 궁금하면 오백 원~"하고 유머를 할 수 있다. 하지만 문제가 터져 매우 급한 상황에서 이런 유머를 날렸다가는 엄청난 역효과를 낼 수 있다.

유머를 구사할 때 희생당하는 사람이 없도록 주의한다. 정치적 성향이나 종교, 성적인 주제로 유머를 하다 보면 자신도 모르게 다른 사람에게 상처를 줄 수 있다. 특정 종교를 폄하하거나 조롱하는 자리에 마침 그 종교를 믿고 있는 사람이 있을 수 있고, 특정 정치인을 모욕하는 농담을 하는 자리에 그 정치인을 신봉하는 사람이 있을 수도 있다. 알코올중독자나 동성애자를 주제로 웃고 떠들고 있는데 그중 누군가는 알코올중독자이거나 동성애자일 수도 있는 것이다.

마크 트웨인Mark Twain 같은 해학가도 인간의 전체적인 조건들을 면밀하게 살핀 다음 농담을 했다. 그는 "훌륭한 유머란 다른 사람들과 함께 나누었을 때 자연스럽고 건전해야 한다"고 강조했다.

멀쩡한 물건을 쓰다 말고선 느닷없이 나타나 바꿔 달라고 떼를 쓰는 것이 비단 개그 프로그램에서 만의 일은 아니다. 현실에서도 얼마든지 일어날 수 있는 일이고 실제로 그런 사람들 때문에 골머리를 앓기도 한다. 진상 고객을 대할 때에도 웃는 낯으로 대해야 하지만 마음속으로는 견디기 힘든 분노와 치욕감을 느낄 수 있다. 자신의 내면 상태와 역할 사이에 불균형이 생기게 되면 감정 노동을 하는 것이다. 항공기 승무원이나 백화점 직원 등 고객과 직접 상대해야 하는 경우가 감정 노동을 하는 대표적인 직업이다. 감정 노동 때문에 정신과 치료를 받아야 할 정도로 심리적 손상이 심한 사람들도 있다.

고객을 직접 응대해야 하는 자리에 있다면 자신을 먼저 잘 보살필 줄 알아야 한다. 아무리 까다롭고 귀찮은 고객을 만나더라도 상처받지 않겠다고 각오한다. 진상 고객을 응대하는 일을 하는 것은 자신이 부족하고 모자라서가 아니라 주어진 업무를 할 뿐이라고 여겨야 한다. 쿨하게 생각하자.

화난 고객을 응대할 때는 고객이 마음껏 화를 내도록 내버려 두자. 화난 고객은 실컷 화를 내는 것만으로도 마음이 반은 풀린다. 화를 내는 고객에게 "왜 화를 내고 그러세요?"라고 반문하면 안 된다. 화가 난 고객은 화가 날 만한 이유가 있을 것이라 여겨야 한다. 만약 화를 내지 못하도록 제지하면 더 큰 화를 불러올 것이다.

고객이 화를 낸다고 같이 화를 내면 큰일 난다. 같이 화를 내면 고객은 직원이 자신을 무시한다며 더욱 화를 낼 것이다. 그렇다고 미소를 짓거나 웃어서도 안 될 일이다. 고객의 표정을 살피면서 묵묵히 들어주되, 냉정함을 잃지 않고 평정심을 유지하도록 한다.

흥분하거나 화가 난 고객은 앞뒤 말이 맞지 않고 횡설수설하기도 한다. 누구나 흥분하면 그렇게 된다. 그렇다고 "진정하시고 말씀을 차근차근 해 보세요!"라고 해서도 안 된다. 앞뒤가 맞지 않더라도 맞장구를 쳐주며 들어주어야 한다. 고객이 흥분한다고 같이 흥분하면 안 된다. 침착하게 귀 기울이다 보면 고객이 무슨 말을 하려는지 알 수 있게 될 것이다.

만약 회사가 잘못한 일이라면 진심으로 사과한다. 회사의 잘못을 인정하고 불편을 끼치게 된 데 대해 충분히 공감한다고 말한다. 사과를 할 때는 진심이 느껴지도록 한다. 불평의 원인이 회사가 아닌 고객에게 있다면, 고객이 불편함을 느낀 것에 대해서는 "충분히 공감합니다"라고 먼저 말한다.

다 들은 다음, "아 그러셨군요" 하고 호응한다. 그리고 해결책을 제시한다. 제시한 해결책에 고객이 동의하였는지도 분명하게 확인한다.

대기업의 홍보실에 근무하는 사람들과 달리 일반 직장인이 신문이나 방송 등 언론사를 상대하려면 당황스러울 수 있다. 회사의 중요한 업무나 예민한 문제에 대해 질문받게 되면 어떻게 대답해야 할지 난감해지기도 한다.

언론사로부터 전화를 받게 되면 어느 언론사인지 소속 부서와 이름이 무엇인지 확인한 다음, 용건을 물어본다. 자신이 직접 응대해도 좋을지 상사에게 보고하고 넘기는 것이 좋을지 빨리 판단한다. 자신이 잘 알고 있는 내용이라도 회사의 입장과 다를 수 있으므로 조심한다. 상대가 녹음할 수도 있기 때문이다.

가장 좋은 방법은 연락처를 확인한 다음 "나중에 전화를 드리겠습니다"라고 대답하는 것이다. 그런 다음 상사에게 보고한다. 상사는 최고 결정권자의 의견을 들어야 하는지, 자신이 직접 처리할 것인지 판단할 것이다.

언론사를 상대할 때 특히 매체를 메이저 혹은 마이너로 나눠 응대하지 않도록 주의한다. 소위 힘이 있다는 메이저 매체라고 해서 더 잘 응대하고 마이너 급이라고 해서 함부로 하면 안 된다. 요즘은 인터넷 등을 통해 모든 뉴스들이 실시간 검색되기 때문에 사실상 메이저, 마이너 개념이 무의미하다. 심지어 1인 미디어들도 있다. 따라서 메이저와 마이너라는 개념을 갖지 말고 모든 매체들을 신중하게 대한다.

적극적인 홍보를 위해 미디어에 기사를 노출하고 싶을 때, 홍보부서가 따로 없는 회사는 방법을 몰라 실수하기도 한다. 홍보와 광고를 구분하지 못하는 회사들도 많다. 광고는 돈을 내고 지면이나 시간을 사는 것이고, 홍보는 돈을 내지 않고 뉴스로 나가는 것이다. 물론 뉴스 형식의 광고도 있지만 그건 어디까지나 형식의 문제일 뿐, 광고는 광고다.

광고를 진행하려고 한다면 언론사의 광고 부서를 찾아 문의하면 된다. 광고하겠다는데 면박을 주는 언론사는 없다. 언론사는 광고가 주 수입원이고 광고를 많이 유치하기 위해 시청률 경쟁도 하고 재미난 기사를 많이 쓰려고 하는 것이다.

문제는 기사를 통한 홍보다. 뉴스 아이템으로 선정되려면 기사 가치News Value가 있어야 한다. 신제품 출시나 사장의 동정 같은 것들도 기사가 될 수 있지만 이름 없는 작은 회사라면 기사로 내기 어렵다. 충분히 기사 가치가 있는 소식이라도 뉴스로 나오게 하기는 쉽지 않다.

기자를 직접 만나서 기사를 내고 싶으면 먼저 담당 부서와 담당 기자의 신분을 확인하는 게 순서다. 담당 기자가 누구인지 확인하고 전화 등을 통해 연락을 취한다. 신문사나 방송사로 직접 전화를 걸어 용건을 말하면 담당 기자가 누구인지 알려주기도 한다.

기자들은 자존심이 센 편이기 때문에 담당이 맞는지 먼저 잘 확인하고 기분 나쁘지 않도록 하는 게 좋다. 전화로 연결되었다면 용건을 조리 있게 말한다. 기자는 기사로서 가치가 있다고 판단하면, 필요한 자료를 이메일을 통해 받을 것인지, 직접 만나 인터뷰할 것인지 말할 것이다. 그러면 그에 따라 준비하고 응대하면 된다.

악의적인 기사로 협박하는 수도 있다. 일부 언론사는 악의적으로 약점을 골라내 기사로 내보내겠으니 광고를 하거나 돈을 내라고 위협하기도 한다. 먼저 악성 기사를 낸 다음 삭제하거나 잘 노출이 되지 않도록 해 주는 대신 광고나 협찬을 하라고 하기도 한다.

이럴 경우 순순히 응하게 되면 계속해서 당할 수 있다. 심지어 다른 언론사에서 똑같은 수법으로 접근해서 줄줄이 엮일 수도 있다. 따라서 잘 판단해서 처리하지 않으면 더 큰 손해를 볼 수 있다. 만약 악의적인 기사가 사실과 다를 경우, 담당 기자와 언론사에 엄중히 항의한다. 내용증명을 통해 사실과 다르다는 점을 분명히 전달하고, 기사 삭제 등의 조치가 없을 경우 언론중재위원회 등에 제소한다는 입장을 전달한다. 언론사의 부당한 기사로 인해 손해를 입는 회사나 개인에 대해 적극 보호조치를 취하도록 하는 추세이므로 당당하다면 언론중재위원회 제소도 고려할 만하다.

만약 기사가 사실과 다르지 않을 경우, 광고 등을 통해 삭제하거나 노출을 최소화하도록 하되 똑같은 일이 반복되지 않도록 하겠다는 약속을 받아두는 게 좋다. 언론사 입장에서도 그런 식으로 영업활동을 한 것이 알려지게 되면 좋을 게 없으므로 같은 일이 되풀이되면 외부에 공개할 수 있다는 의견을 전달한다.

〈손자병법〉에서는 '싸우지 않고 이기는 것이 최상不戰而屈人之兵'이라 했다. 상대의 힘을 역이용해 상대를 넘어뜨리거나 제압하는 유도의 기술 역시 효과적인 싸움의 전략이다. 끊임없이 협상을 벌여야 하는 비즈에서도 싸우지 않고, 상대의 힘을 역이용하는 유도의 기술을 적용할 수 있다.

최고의 협상 전문가 중 한 사람인 스튜어트 다이아몬드Stuart Diamond 교수는 협상에서 이기려면 힘과 논리 대신 상대를 이해하고 상대가 원하는 것이 무엇인지 정확하게 판단하는 것이 중요하다고 강조한다. "초반에 기선 제압을 해 상대를 주눅이 들게 한 다음 슬쩍 한발 물러서며 관용을 베푸는 척하는 태도는 오히려 역효과를 낼 수 있다"라고 말한다. 그런 수법은 상대를 오히려 화나게 하여 복수하고 싶은 욕망을 불러일으킬 뿐이다. 상대를 이해하고 있는 그대로 받아들이고 상대가 원하는 것을 들어주고자 하는 따뜻한 마음이 협상에서의 승률을 높인다는 것이다.

협상을 잘하려면 먼저 상대로부터 호감과 신뢰를 얻어야 한다. 그러기 위해선 상대가 진심으로 원하는 것이 무엇인지 알아야 한다. 상대를 알고 나를 알면 패하는 일이 없다는 손자병법의 가르침과 같은 맥락이다.

냉정한 비즈니스 현장에서 협상할 때면 전문 지식이나 관련 정보가 절대적인 요인으로 작용할 것 같지만, 사실은 그렇지 않다. 의외로 비즈니스 협상 전문가라는 사람들도 사실은 감성에 더 많이 의존한다. 상대의 인상은 물론 말하는 태도, 협상장소의 분위기 등 감성적인 요인이 협상의 성패를 좌우한다.

아무리 훌륭한 제안서를 만들어 나갔다 하더라도 상대의 태도가 불손하거나 마음에 들지 않으면 협상이 결렬될 가능성이 높다. 내놓을 카드가 시원찮아도 상대에게 진심으로 다가서고 상대를 이해하려는 노력을 보이면 예상 밖의 결과를 얻어낼 수도 있다. 협상장소에 나갈 팀을 어떤 멤버로 짜느냐에 따라 협상장소의 분위기가 달라질 수도 있고, 협상장소의 온도나 조명의 차이에 따라서도 협상의 결과가 정반대로 나올 수도 있다.

다이아몬드 교수는 "협상의 첫 번째 원칙은 상대의 감성과 니즈를 파악하는 것"이라 말한다. 상대방이 과거 했던 말이나 제안 내용 등을 되돌아보고 그것을 파악할 수도 있고 협상장소에서 바로 상대의 진의를 알아챌 수도 있다. 만약 상대가 원하는 것을 큰 부담 없이 들어줄 수 있는 것이라면 흔쾌히 들어주는 것이 협상에서 이길 가능성이 크다. 상대가 원하는 것을 들어주어야 내가 원하는 것도 얻어낼 수 있다는 걸 명심한다.

협상을 성공적으로 이끌기 위한 또 다른 요인은 상대가 가진 중요한 가치를 언급하는 것이다. 상대가 자신의 정체성과 연계시킬 만큼 자랑스럽게 여기는 가치를 알아보고 그것을 존중하며 그것이 손상되지 않길 바란다는 마음을 상대가 인식하도록 한다.

협상의 대상인 기업이 사회적 공헌과 자연환경을 중요하게 여기고 실천하는 것으로 유명하다면 "귀사의 대외적 사회적 공헌활동과 환경보호에 앞장서는 윤리적인 기업이라는 이미지와 잘 어울리는 프로젝트라 생각합니다"라고 말하는 식이다.

직장이나 비즈니스에서는 끊임없이 협상해야 한다. 본인의 의지와 상관없이 협상해야 할 일들이 계속 이어지기 때문에 이를 피할 방법은 없다. 협상해야 할 상황이면 그 상황을 객관적으로 바라보고, 협상 상대에 대해 집중하고 그가 원하는 것이 무엇인지 알기 위해 노력한다. 상대가 원하는 것을 알아내는 것, 그리고 상대가 중요하게 여기는 가치가 무엇인지 파악하는 것이야말로 협상을 성공적으로 이끌기 위한 첫걸음이다.

첫인사가
비즈니스 성패를 좌우한다

chapter 05

직장이나 비즈니스 세계에서는 늘 누군가와 만나야 하고 그중에는 낯설거나 새로 만나는 사람들도 많다. 성공적인 비즈니스는 다름 아닌 다른 사람과의 관계를 얼마나 잘 맺고 이어가는가에 달렸다. 특히 첫 만남에서의 인상이 그 사람의 됨됨이에 대한 결정적인 정보를 제공하기 때문에 특히 신경 써야 한다.

낯선 사람들을 만났을 때 지켜야 할 예절이 있다. 격식 있는 자리나 품격 있는 비즈니스 현장이라면 반드시 따라야 할 규범이 있다. 새로운 사람이나 낯선 사람을 회의 석상이나 사무실에서 만났을 때 제대로 소개하는 데 실패하면 그 자체로 심각한 사교적 문제가 된다는 것을 명심한다. 그럴 경우 비즈니스의 실패로 귀결될 가능성이 매우 높다.

누가 누구에게 소개할 것인가는 남녀의 차이보다는 지위에 달려 있다. 사회적 지위나 직급, 나이, 경륜 등을 고려한다. 또한, 고객이나 손님이라면 지위와 상관없이 더 중요한 인물이다. 지위를 따지는 것은 아부나 아첨이 아니라 하나의 형식이라고 보면 된다. 형식이 깨지면 내용도 깨지게 마련이다.

더 중요하거나 지위가 높은 사람에게 덜 중요하거나 지위가 낮은 사람을 먼저 소개한다. 예를 들어 김갑돌 선생이 50세, 김철규 씨가 40세라면, "김갑돌 선생님, 이쪽은 김철규 씨입니다"라는 식이다.

대개 나이 어린 사람을 나이 많은 사람에게, 동료를 의뢰인이나 다른 회사에서 온 직원에게, 일반인을 관직에 있는 사람이나 성직자에게, 파티 참석자들은 주빈에게 각각 소개한다.

소개하는 사람은 소개를 받는 사람에게 직업이나 직급, 고향이나 출신학교 등 예의에 벗어나지 않는 범위 안에서 상대에 관한 정보를 제공한다. 상대에 대한 정보는 서먹한 두 사람의 관계를 원만하게 풀어가는 실마리를 제공한다. "아 그렇군요. 저도 같은 대학 출신입니다. 반갑습니다"라며 대화를 좀 더 부드럽게 이어갈 수 있게 된다.

누군가를 소개할 때는 그 사람의 직함을 말해 주는 것이 좋다. 은퇴했거나 한때 그 직함과 상관없는 신분이라 하더라도 예전의 직함을 언급해 준다. 국회의원, 장교, 기자, 교사 등 비록 현직이 아니어도 예전의 직함을 붙여주면 상대를 존중해주는 의미가 된다. 소개해 주는 사람이 나의 이름이나 정보에 대해 잘못 말하게 되면 당황하지 말고 정정해서 말하면 된다. 소개해 주는 사람이 무안해하지 않도록 미소를 지으며 정중하게 말한다.

단체 모임에서 누군가를 소개해 주어야 할 때는 무리하게 시선을 모으기보다 적절한 시기를 잡는 것이 좋다. 대화가 한창 무르익을 때나 심각한 문제로 토론하고 있는 상황에서 끼어들게 되면 실례가 된다. 첫인사를 해야 하는 당사자도 부담스러울 수 있다. 단체 모임이나 파티에서는 주인이나 행사를 이끌어가는 책임자가 소개해 주는 게 좋다. 하지만 주인이 바빠서 일일이 소개해 주기 어렵다면 알아서 자신을 소개한다. 참석해야 할 이유가 분명하다면 자신을 소개하는 것은 결코 실례가 아니다.

자신을 스스로 소개할 때는 겸손한 자세를 잃지 않도록 한다. 먼저 자신의 이름과 신분을 밝힌다. 그렇다고 자신의 직위명이나 경칭을 붙여서는 안 된다. 자신이 박사나 교수, 의사라 하더라도 자신의 입으로 ○○○ 박사, ○○○ 의사라고 말하지 말아야 한다. 호칭을 빼고 이름만 밝히는 것이 자신감과 겸손함을 갖춘 사람이라는 인상을 줄 수 있다.

만난 적이 있는 사람과 다시 만나 소개받을 때 상대의 이름을 기억하지 못할 수 있다. 그럴 때는 솔직하게 이름이 기억나지 않는다고 말하는 게 좋다. 다만 "이름이 뭐였죠?"라고 퉁명스럽게 물으면 곤란하다. "제 기억력이 신통찮습니다. 죄송하지만 성함이 기억이 잘 나지 않군요." "그때 삼성동 회관에서 만난 적이 있습니다만, 성함이 기억나지 않는군요. 죄송합니다"라고 말한다.

소개받은 사람이나 소개받게 된 쪽 모두 미소지으며 악수하는 것이 좋다. 눈을 맞추고 악수하면서 반갑다는 의사 표시를 하면 된다. 자리에 앉아 있을 때는 일어서는 것이 좋다. 자리에 자석처럼 붙어 일어서지 않으면 상대를 얕잡아 본다는 인상을 줄 수 있다. 식탁의 뒤편에 앉아 일어서기가 불편한 상황이라면 일어서는 시늉을 하면서 손을 내밀어 악수하면 된다.

연예인들이나 패션업계에 종사하는 사람들은 포옹하고 키스하면서 하는 인사가 자연스럽다. 하지만 기업이나 관료사회, 교육업계 같은 보수적인 환경에서 근무하는 사람들은 포옹이나 키스를 바람직하게 여기지 않는다. 잘못 포옹하거나 키스했다가 성희롱을 했다는 누명을 뒤집어쓸 수도 있다. 아주 특별한 경우를 제외하고는 포옹이나 키스는 하지 않는 것이 비즈니스 관계에서의 관행이다. 감기에 걸렸거나 몸이 좋지 않을 때는 접촉 자체를 자제한다.

외국인들과 인사를 나눌 때도 마찬가지다. 포옹이나 키스를 자제하는 것이 좋다. 외국인이라고 포옹하고 키스하는 것이 당연하다고 생각해서는 안 된다. 신체적 접촉 자체를 금기시하는 사람들도 있고 남녀에 따라 신체 접촉 방식이 엄격하게 제한되기도 한다.

비즈니스에서는 남녀가 공개적으로 키스하는 것은 무조건 자제하는 것이 좋다. 볼에 살짝 키스하는 것조차 쓸데없는 오해를 불러일으킬 수 있다. 볼에 키스하는 것은 사교적인 모임에서나 하는 것이다.

에어키스라 해서 볼과 볼을 살짝 부딪치는 가벼운 키스도 가능하면 하지 않도록 한다. 양 볼을 교대로 맞대며 하는 것인데, 잘못하면 상대의 볼이나 셔츠에 립스틱 자국을 남길 수 있다. 평소 하지 않던 이런 인사를 하다 보면 실수할 수도 있고 보는 사람이 민망할 정도로 어색할 수도 있다. 차라리 하지 않는 게 좋다.

상대의 어깨에 살짝 손을 얹는 정도의 가벼운 포옹은 동성 간에는 괜찮지만 이성 간에는 주의가 필요하다. 동성 간에도 친한 사이가 아니라면 오해받을 수 있고 이성 간에는 상대를 당혹스럽게 할 수 있다. 두 팔로 힘차게 끌어안는 강력한 포옹은 더 말할 것도 없다. 친한 사이라면 악수를 하면서 다른 손으로 상대의 팔이나 어깨를 잡는 것은 가능하다. 친근감을 표시하는 것이기 때문이다.

악수하는 모습에서 그 사람의 성격을 알 수 있다. 자신감 넘치는 태도로 악수를 먼저 청하는 사람이면 대개 적극적이고 긍정적인 성격의 소유자다. 악수하는 자세가 서툴고 어색하면 자신감이 없거나 신뢰할 만한 사람이 못된다는 인상을 줄 수 있다.

악수는 서양식 인사법으로 직위의 높낮이와 관계없이 먼저 손을 내밀어 청할 수 있다. 따라서 서양인들을 만났을 때는 직위 등과 상관없이 먼저 악수를 청해도 문제없다. 하지만 영국의 여왕같이 특수한 신분을 가진 사람들에게는 함부로 악수를 청하면 결례다.

동양에서는 대개 윗사람이 먼저 악수를 청하는 게 예절에 맞다. 어린 사람이 먼저 악수를 청하면 버릇없는 사람이라는 인상을 줄 수 있다. 물론 나이가 어리더라도 회사 상사라든지 직위가 높으면 먼저 악수를 청해도 상관없다.

예전에는 여성이 악수를 청할 때까지 남성이 기다리는 것을 예의에 맞는 것으로 간주했다. 하지만 이제는 달라졌다. 비즈니스 관계에서는 말할 것도 없다. 여성들끼리도 악수할 수 있다. 악수에 남녀가 따로 있는 게 아니다.

손은 바닥과 수직으로 되도록 해서 내밀고 손바닥과 손바닥이 맞닿도록 한다. 손바닥이 아래로 향하게 잡으면 상대를 제압한다는 인상을 줄 수 있고 반대로 손바닥이 하늘로 향하게 하면 복종한다는 의미로 해석될 수 있으므로 주의한다.

반갑다며 너무 손에 힘을 주는 바람에 상대가 비명을 지를 지경이라면 대단히 잘못한 것이다. 친한 사이라 하더라도 통증을 느낄 정도로 세게 잡으면 상대가 모욕감을 느낄 수 있다. 친근감을 표시한다며 악수하는 동안 손가락으로 상대의 손바닥을 긁는 사람도 있다. 이 역시 아랫사람이 결코 해서는 안 될 행동이고, 웬만큼 친한 사이라 하더라도 상대를 불쾌하게 할 수 있다.

손에 아예 힘을 주지도 않고 꼿꼿이 편 채 살짝 넣었다가 빼는 것도 결례다. 그렇게 하는 것이 겸손한 것이라 여기겠지만 잘못된 생각이다. 성의가 없거나 전혀 반갑지 않은 것으로 생각할 수 있다. 기계적이고 차가운 사람이라는 느낌을 줄 수도 있다. 적당한 세기로 쥐고 너무 짧지도 길지도 않게, 아래위로 세 번 정도 흔들어 주는 악수가 좋다.

악수를 꺼리는 사람도 있는데, 상대의 손이 더럽지 않을까 염려해서 그런 경우가 많다. 금방 손을 씻고 와서 물기가 남아 있는 상태에서 악수를 하거나, 땀이 흥건히 밴 손으로 악수하는 것도 금물이다. 악수를 대비해서 항상 손을 깨끗이 닦는 습관을 들여야 한다. 손이 너무 차갑지 않도록 온도를 잘 맞추는 것도 중요하다.

실외에서 방한용 장갑을 끼고 있는 경우 악수를 위해 반드시 장갑을 벗을 필요는 없다. 행사장에서 정장을 차려입은 여성은 장갑을 낀 채 악수해도 괜찮다. 하지만 식사를 하거나 차를 마실 때 장갑을 끼는 것은 예의에 어긋난다.

악수할 때는 시선 처리가 중요하다. 상대의 눈을 들여다보며 미소를 띤 채 악수하는 것이 좋다. 악수할 때 시선을 피하는 사람은 뭔가를 숨기고 있다는 인상을 줄 수 있다. 그렇다고 너무 눈동자에 힘을 주고 쏘아붙이는 듯 눈을 마주쳐서도 안 된다. 거만하고 무례하다는 인상을 줄 수 있다.

공식석상에서 악수할 때는 허리를 굽히거나 머리를 숙이지 않는다. 상을 받을 때에도 바른 자세로 절도 있게 악수하면 된다. 비공식 자리에선 아랫사람이 허리를 굽히거나 머리 숙여 인사해도 상관없다. 두 손으로 맞잡는 악수는 상대를 존중해주거나 정겨움을 표시하는 걸로 인식된다.

상대방에게 악수를 거절당했을 때는 당황하지 말고 인사말을 계속하면 된다. 악수를 거절당하면 무안해지거나 기분이 상하게 마련이다. 하지만 악수를 거절하는 사람이 예의에 벗어난 것이니 자신을 자책할 필요는 없다. 악수할 수 없는 사람에게 악수를 청하는 것도 잘못이다. 몸이 불편해할 수 없는 사람도 있기 때문이다. 따라서 악수를 청할 때는 상대의 상태를 먼저 살피는 배려가 필요하다.

상대를 매료시키는
호감 커뮤니케이션

chapter 06

직장이나 비즈니스에서 의사소통이 잘 안 되어 일이 제대로 성사되지 않거나 예기치 못한 갈등이 생기기도 한다. 상대가 말하고자 하는 의도나 대화의 목적과 의도를 제대로 파악하지 못했기 때문이다. 대화를 잘 하기 위해서는 상대를 존중하고 상대의 말에 귀를 기울이는 것이 우선 중요하다. 그와 함께 상대의 말하는 태도나 어투 등 말로 표현되지 않는 감정을 잘 읽는 것도 필요하다. 물론 자신 역시 상대에게 어떤 태도나 말투로 말하는지, 상대에게 오해를 불러일으킬 만한 행동은 하지 않는지, 과연 상대가 나에게 호감을 느낄 만한 자세인지 거울을 들여다보고 살피는 것도 잊지 않도록 한다.

에밀리 포스트Emily Post는 예절에 관한 최고의 책으로 평가받는《에티켓》에서 "이상적인 대화는 생각의 교환이지, 많은 사람들이 생각하듯이 위트와 웅변의 화려한 과시가 아니다"라고 했다. 다른 사람과의 효과적인 대화의 비법은 영리함이 아니라 '멈추고, 바라보고, 귀담아 듣는 법을 배우고 익히는 것'이라고 강조했다. 멈춘다는 것은 무턱대고 말을 하지 않는 것이며, 바라보는 것은 상대의 눈을 바라보라는 것이고, 귀담아 듣는 법이란 진심으로 듣는다는 의미다. 에밀리 포스트의 말대로 대부분의 사람들이 가장 사랑하는 사람은 공감해 주는 청취자다.

입은 하나인데 귀가 둘인 것은 말하는 것보다 듣기를 두 배 하라는 의미가 담겨 있는 것이다. 말을 잘하는 사람은 남의 말을 잘 들을 줄 안다. 말을 잘하는 비결은 바로 귀 기울여 듣는 것, 경청傾聽에 있다.

상대의 말을 잘 듣지 못하는 이유 중 하나는 첫 번째는 상대를 존중하지 않기 때문이다. 상대에게서 들을 만한 가치가 없다고 생각하는 것이다. 두 번째는 상대의 말에는 관심이 없고 내가 해야 할 말만을 생각하기 때문이다. 세 번째는 바쁘기 때문이다. 당장 처리해야 할 일에만 온 신경이 가 있는 것이다. 네 번째는 대화의 핵심을 놓쳤기 때문이다. 상대의 말뜻을 제대로 알아듣지 못했다는 뜻이다.

잘 듣기 위해선 인내와 훈련이 필요하다. 상대의 말을 참을성 있게 들을 수 있다는 것은 자신을 통제할 수 있다는 의미다. 훈련을 통해 인내심을 길러야만 가능한 얘기다.

듣는 것에도 등급이 있다. 듣는 시늉만 하는 것은 가장 낮은 단계다. 두 번째 단계는 내가 듣고 싶은 것만 듣는 것이다. 자신에게 유리한 정보만 들으려 한다는 것이다. 잘 듣는 최고의 단계는 진심으로 몰입해서 듣는 것이다. 상대의 말 속에 숨겨진 의미까지 놓치지 않고 집중한다.

대화를 나눌 때 몸짓이나 자세, 목소리의 높낮이 등 보디랭귀지도 매우 중요하다. 적절한 보디랭귀지는 대화를 매끄럽게 해 주지만 그렇지 못한 보디랭귀지는 대화를 실패로 이끌 수 있다. 자신도 인식하지 못한 사소한 보디랭귀지가 상대에게 잘못된 정보를 줄 수 있기 때문에 평소 몸짓이나 표정에도 신경을 써야 한다.

대화를 나눌 때 구부정한 자세를 하고 있으면 게으르거나 피곤하다는 느낌을 줄 수 있고 심지어 상대가 자신을 얕잡아 본다고 오해할 수도 있다. 미소는 따뜻한 마음과 열린 자세를 의미하지만, 미소를 지을 상황이 아닌 데도 억지 미소짓게 되면 의심을 살 수 있다. 상대의 말에 고개를 끄덕여 주는 것은 좋지만 그렇다고 지나치게 많이 끄덕이면 아부하거나 상대를 놀리는 것처럼 보일 수 있다.

인간은 좌우가 균형을 이루도록 진화해 왔다. 팔, 다리는 물론 얼굴의 코와 눈, 입, 귀 모두 좌우 대칭을 이루게 되어 있다. 진화론적으로 보면 좌우 대칭으로 균형 있게 발달한 사람일수록 유전적으로 더 우량하다고 한다.

표정도 자연스러운 감정이 드러나면 좌우 균형이 된다. 기쁘거나 슬플 때, 우울하거나 공포에 떨고 있을 때, 자신도 모르게 감정을 드러내는 경우 얼굴의 좌우 근육이 대칭적으로 움직여 자연스러운 표정을 이루게 된다. 반대로 억지로 꾸며내거나 타인을 의식할 때는 좌우 균형이 깨지게 된다. 상대를 비웃거나 본심을 속이는 경우 혹은 숨기고 싶은 사실이 들통 나거나 음흉한 속셈이 있을 때는 얼굴의 좌우 대칭이 어긋난다. 양쪽 입술 끝이 위로 솟구치게 활짝 웃는 모습이야말로 상대에게 호감을 주는 최고의 표정이다.

표정을 가장 크게 좌우하는 것은 눈이다. 눈은 마음의 창이라고 할 만큼 속마음을 가장 정확하게 드러낸다. 눈이 동그래지고 반짝인다는 것은 즐겁고 신 난다는 뜻이다. 흥미를 느끼는 대상을 바라볼 때 동공이 더 커진다. 이성의 누드 사진을 보게 되면 남녀 모두 동공의 크기가 확대된다는 사실이 실험으로 확인되기도 했다. 눈을 크게 뜨고 반짝이는 눈동자로 상대를 바라보면 상대도 호감을 느끼게 된다.

대화를 나눌 때 상대의 눈을 들여다보는 것은 괜찮지만 그렇다고 뚫어지라 쳐다보아서는 안 된다. 상대를 통제하거나 위협하는 것으로 간주할 수 있다. 특히 아랫사람이 윗사람의 눈을 빤히 쳐다보면 반항하거나 권위에 도전하는 것으로 간주할 수 있다. 대화를 나눌 때는 시시때때로 시선을 상대의 얼굴 다른 부위로 옮겨 주는 것이 좋다.

눈썹에도 감정이 묻어난다. 눈썹을 가운데로 모으는 것은 기분이 나쁘거나 난처할 때 혹은 상대의 의견에 동의할 수 없을 때 하는 행동이다. 눈썹을 아래위로 움직이는 것은 상대의 의견에 동의하거나 친근함을 표시하는 것이다. 눈썹을 크게 치켜 올리면 놀라거나 공포를 느끼고 있다는 증거이고, 눈썹을 살짝 가운데로 모으며 치켜 올리는 것은 호기심이 일고 있다는 의미다.

커뮤니케이션을 할 때 서로 눈을 마주치는 시간은 말을 하는 시간의 약 3분의 1 정도 된다고 한다. 3초 정도 말을 하면 1초 정도 눈을 맞춘다는 것이다. 그 이상 눈을 마주친다는 것은 단순한 커뮤니케이션 이상의 호감을 느끼고 있을 가능성이 높다.

서로 친한 사이일수록 눈을 마주치는 아이 콘텍트Eye Contact를 많이 한다. 처음 만나는 사람이라도 자주 시선을 마주치면 신뢰가 더 쌓이고 빨리 친해질 수 있다. 사무실이나 복도에서 동료들과 마주칠 때도 가벼운 눈 맞춤을 하면 더 정이 가는 법이다. 그렇다 하더라도 직장이나 비즈니스 상황에서 넋을 놓고 바라보는 일은 피해야 한다. 상대가 마음에 들지 않는다며 노골적으로 시선을 피하는 것도 결례다.

대화를 시작할 때는 먼저 시선을 맞춘다. 일단 대화가 시작되면 시선 맞추기를 적절하게 한다. 가끔 시선을 마주치면서 고개를 끄덕여 주면 좋다. 고개를 끄덕이는 것은 상대의 이야기를 잘 듣고 있을 뿐 아니라 상대의 의견에 찬성하고 지지한다는 의미다. 상대가 이야기하는 동안 고개를 많이 끄덕여 줄수록 이야기하는 시간이 더 늘어났을 뿐 아니라 이야기를 훨씬 더 조리 있게 잘한다는 연구결과도 있다.

상대와 눈을 마주치려 한다면 그 순간의 말을 강조하고 싶다거나 잘 이해해 주었으면 좋겠다는 메시지가 담긴 행위다. 이럴 때 듣는 쪽은 시선을 받아 고개를 끄덕이거나 맞장구를 쳐주며 호응해 주어야 한다. 자신의 이야기가 끝나게 되면 상대에게 눈짓으로 알려 주고 상대는 자연스럽게 대화를 이어받게 된다.

손에도 표정이 있고 감정이 있다. 테이블 위에 손을 펼쳐 놓고 있으면 편안하게 상대를 받아들이거나 긴장하지 않고 있다는 증거다. 상대에 대한 경계심이나 의심이 무장해제 되었다는 신호다. 하지만 지위가 높은 사람이나 고객 앞에서 이런 모습을 보이면 무례하다는 느낌이 들기 때문에 피하는 게 좋다.

주먹을 쥐거나 주먹 쥔 손으로 반대편 손바닥을 탁탁 치게 되면 상대의 뜻에 동의하지 않는 것으로 이해된다. 책상 위에 팔꿈치를 올려놓고 깍지를 끼는 것도 거절의 의미다. 한 손으로 턱을 괴고 있으면 따분하다는 뜻이니 얼른 대화의 주도권을 넘겨주든가 화제를 바꾸는 게 좋다.

팔짱을 낀다는 것은 상대보다 자신이 우월하다는 의미를 띤다. 어깨를 당당하게 편 채 팔짱을 끼고 거기에다 한 손으로 턱까지 괴고 있다면 상대를 무시하기까지 한다는 뜻이 된다. 웅크린 채 팔짱을 끼면 상대로부터 겁을 먹고 자신을 보호하겠다는 의도가 있는 것이다. 하지만 습관적으로 팔짱을 끼는 사람도 있기 때문에 상대가 대화 중 팔짱을 끼는 것에 지나치게 신경 쓰지 않도록 하자.

손가락을 움켜쥐고 우두둑 소리를 내면 상대를 위협하거나 분노하고 있다는 메시지를 줄 수 있으므로 조심한다. 손을 가만두지 못하고 머리카락을 쓸어 넘긴다든지 깍지를 끼고, 손톱을 물어뜯거나 코나 귀를 만지작거리는 것도 상대를 의심하거나 불안하다는 뜻으로 전해진다. 손가락으로 탁자를 톡톡 치는 것도 마찬가지다.

손가락으로 테이블을 두드린다면, 상대를 거부하거나 짜증이 났다는 뜻이다. 주머니에 손을 넣는 것은 본심을 감추고 싶다는 의미다. 상대를 믿지 못하거나 경계하고 있다는 뜻인데, 자신의 본심이 들키지 않을까 조바심을 내고 있는 것이다.

이야기 도중 소매를 걷어붙이면 적극 상대의 의견에 동의하거나 동참하겠다는 의욕을 과시하는 것으로 보이지만, 지나치면 싸우자고 대드는 것처럼 보일 수 있다. 표정이나 말투가 공격적이거나 거칠게 되면 오해받을 가능성이 더 커진다.

손으로 머리카락이나 액세서리를 자주 만지작거리거나 입술을 물어뜯는 등 손을 가만히 두지 않으면 상대가 불안해한다. 자신 역시 대화에 집중하지 못하거나 대화에 흥미를 잃고 있다는 의미로 해석될 수 있다. 뒤통수를 긁으면 무안하거나 곤란한 처지에 있다는 걸 의미하기도 하지만 실제로 뒤통수가 가려워서 그럴 수도 있으니 너무 과민한 반응은 보이지 않도록 한다.

다리나 발에도 감정이 실린다. 상대에 따라 다리를 주의 깊게 움직여야 한다. 서양과 달리 우리나라에서는 다리를 편안하게 꼬고 앉는 사람일수록 서열이 높다. 상대보다 자신이 우월하거나 자신감이 넘치고 당당하다고 생각할수록 다리를 꼬고 앉는다. 그렇다고 지나치게 다리를 깊게 꼬고 앉으면 상대에 대한 경계심을 드러내는 것으로 이해된다. 꼬고 앉은 다리를 두 손으로 끌어안고서 웅크린 자세를 하게 되면 상대를 두려워하거나 바짝 긴장하고 있다는 의미로 해석된다.

협상이나 회의 자리에서 다리를 자주 바꿔 꼬거나 엉덩이를 들썩이면 참을성이 없는 사람으로 보인다. 빨리 회의가 끝나거나 상대의 말이 끝났으면 좋겠다는 무언의 항의를 하는 것처럼 여겨지는 것이다. 발끝을 툭툭 차거나 발을 굴러 소리를 내는 것도 마찬가지다.

다리를 자연스럽게 벌리고 있으면 상대의 이야기에 집중한다는 의미다. 두 다리를 쫙 벌린 채 앞으로 쭉 뻗고 있다면 상대의 이야기에 흥미가 없다는 뜻이다. 다리를 가지런하게 모으고 있으면 여성은 얌전한 느낌을 주지만 남성은 완고하다는 인상을 줄 수 있다. 여성이 무릎을 가지런히 모은 채 발목을 교차하고 있으면 경계하거나 거절한다는 의사로 전달될 수 있다.

계약이나 협상 등 비즈니스 대화에서는 나름의 절차가 있다. 무턱대고 본론부터 꺼내기보다는 먼저 분위기를 만들기 위한 예비단계를 거치는 게 좋다. 본론이 끝나면 깔끔하게 마무리할 줄도 알아야 한다.

예비단계에서는 사소한 일상의 주제로 대화를 이끌어 가도록 한다.

화제가 되고 있는 뉴스나 드라마, 스포츠에 관한 짧지만 유쾌한 이야기가 제격이다. 부부싸움이나 가정불화, 곤두박질친 자녀의 성적 등 심각한 주제는 오히려 분위기를 가라앉힐 뿐이다. 종교나 정치에 관한 대화도 위험하다. 상대의 종교나 정치적 성향을 파악하지 못해 불쾌감을 안겨 줄 수도 있고 적으로 간주하여 협상 테이블이 최악의 결과로 치달을 수도 있다.

협상의 본론에 들어가게 되면 자세를 바로잡고 상대의 눈을 바라보면서 서로 교감할 수 있도록 한다. 상대가 자신의 말에 귀를 기울이고 있는지, 상대가 지루해하거나 불쾌해하지 않는지 잘 살핀다. 긴 시간 동안 설명해야 할 상황이라면 상대에게 질문을 던져 상대를 지루하지 않게 하면서 몰입할 수 있도록 이끌어 간다.

상대의 설명을 듣는 쪽 역시 적절하게 대응해 주어야 한다. 고개를 끄덕이거나 중요한 내용이 나오면 "아 그렇군요!" 하면서 맞장구를 치거나 메모한다. 상체를 적당하게 앞으로 내밀어 상대의 말에 집중하고 관심이 무척 많다는 표시를 한다.

마무리 단계에선 본론에서 주고받은 대화의 핵심을 반복해서 말하면서 서로 교감하고 오해가 없었는지 확인한다. 미팅 이후 해야 할 일이나 약속 등에 대해 다시 한 번 확인하고 서로 수고했다며 격려하고 감사하다는 말을 한다. 비즈니스와 상관없이 개인적인 친밀감을 다질 수 있는 우호적인 대화로 마무리하면 더없이 좋다.

회사를 살리는
경제적인 회의 기술

chapter 07

회의가 많은 회사는 두 가지 중 하나다. 회사가 아주 효율적으로 잘 돌아가거나 아니면 그 반대다. 하지만 분명히 차이가 있다. 잘 돌아가는 회사에서는 회의를 자주 하되, 효율적으로 한다. 회의의 목적과 목표가 분명하고 그에 따른 참석자와 회의 진행 방식 등이 매뉴얼처럼 명쾌하다. 하지만 잘 돌아가지 않는 회사는 툭 하면 회의를 소집하지만, 왜 회의를 하는지조차 모른다. 이런 회의의 특징은 결론이 없다는 것이다. 방향을 잃고 표류하는 배처럼 우왕좌왕하다 다들 벌겋게 달아오른 얼굴로 회의장을 나서지만, 정작 결론은 없다. 서로 감정이 상하고 마음속 깊이 앙금만 쌓일 뿐이다.

회의를 자신의 권력을 과시하는 수단으로 삼는 어리석은 사람들도 있다. 회의소집 자체를 자신에게 주어진 엄청난 특권인 것처럼 여긴다. 마음내키는 대로 회의를 소집해서는 참석자들의 면면을 살피며 누가 더 복종적인 자세로 임하고 있는지 살핀다. 이 같은 사람들은 회의를 왜 소집했는지에는 별 관심이 없다. 다만 회의를 소집한 자신의 존재감을 각인시켜주겠다는 어리석은 권위의식만 있을 뿐이다.

회의를 소집해서는 평소 담아 두었던, 아랫사람에 대한 섭섭한 마음이나 분노를 드러내다 시간을 다 보내는 사람도 있다. 참석자들의 지난 잘못이나 실수를 끊임없이 되풀이하며 모욕을 주기도 한다. 이런 회의는 회사와 상사에 대한 회의감만 안겨 줄 뿐이다.

회의하는 목적은 '많은 사람들의 의견을 모아 짧은 시간에 가장 이상적인 결론을 얻어내는 것'이다. 따라서 회의는 모여서 얼굴을 맞대고 해결해야 할 안건이 있을 때 해야 한다. 정보 교류 시스템이 잘 갖춰진 요즘 세상에는 인터넷 등을 통하면 얼마든지 정보 공유가 가능하고 의견을 모을 수 있다. 의견 수렴이라는 본래의 목적 이외에도 함께 모인다는 사실 자체가 연대감과 소속감을 심어줄 수 있다는 긍정적인 효과도 있긴 하다. 하지만 단지 그것을 위한 회의라면 문제가 있다.

회의는 일일 회의, 주간 회의, 월간 회의 같은 정기 회의와 긴급한 사항을 처리하기 위해 불시에 소집되는 위기관리 회의, 혹은 많은 사람들 앞에서 특정 주제에 대해 발표하고 의견을 듣는 프레젠테이션이나 대규모 컨퍼런스 등이 있다. 많은 사람들이 공동 참여하는 교육적인 목적의 세미나도 있다. 회의는 참석자와 안건 등에 따라 진행 방식이 달라질 수밖에 없다. 정해진 회의 진행 순서에 따라 흐트러짐 없이 일사천리로 진행되는 것일 수도 있고, 순서나 시간 등을 명확하게 정해놓지 않고 자유롭게 의견을 내고 토론하는 것일 수도 있다.

이러한 여러 가지 회의를 잘하는 사람들의 특징은 반드시 결론을 이끌어낸다는 것이다. 애초 목표로 했던 결론을 내지 못하면 적어도 다음 단계의 목표를 정한다. 다음에는 무슨 이유로 어떤 안건으로 회의가 소집될지 예측할 수 있다. 무능한 상사일수록 회의에서 결론을 내리지 못한다. 회의는 그저 상사의 무능력과 무소신, 무원칙 등을 드러내는 민망한 모임일 뿐이다.

생산적이고 효율적인 회의로 만들려면 회의의 틀을 잘 짜야 한다. 주제와 안건, 참석자 범위, 시간과 장소, 진행 방식 등에 대해 구체적으로 고민하고 큐시트를 작성한다. 회의를 통해 궁극적으로 얻을 점은 무엇인지, 최악에는 어떤 대응을 할 것인지, 회의 내용은 공개할 것인지 등에 대한 문제도 고려한다.

회의의 주제와 안건은 회의의 목적, 목표와 관련돼 있다. 회의에서 가장 중요한 부분이 바로 주제와 안건 설정이다. 비즈니스 실적을 분석 발표하고 새로운 목표를 제시하고 방법을 의논하거나, 신임 상사의 새로운 비즈니스 목표와 그에 따른 부서별 업무 분담을 위한 자리

일 수도 있다. 두 가지를 동시에 처리해야 할 수도 있다. 중요한 것은 어떤 주제나 안건을 택하든 그것을 참석자들에게 분명하게 알리고 회의를 주재하는 사람 역시 명확하게 인식하고 있어야 한다는 점이다.

회의 참석자 명단은 주제와 안건에 따라 탄력적으로 작성한다. 고정적으로 회의에 참석하는 인원 이외에도 주제와 안건에 따라 다른 부서 직원이 외부 전문가 등이 추가로 참석할 수도 있을 것이다. 회의를 높은 지위의 사람에게 잘 보이기 위한 기회로 삼으려는 사람들의 부탁을 거절할 줄도 알아야 한다. 회의의 목적을 위해서는 때로는 인간적으로 싫은 사람도 기꺼이 참석명단에 포함한다.

회의 시기를 언제 잡을지도 중요하다. 주간 회의 시간을 금요일에 하는 것이 나을지, 월요일에 하는 게 나을지는 늘 논쟁의 대상이 돼 왔다. 금요일과 월요일, 모두 주간 회의를 해야 한다는 회사도 있다. 금요일에는 그 주간의 업무 결산 보고를, 월요일에는 주간 계획을 발표한다는 것이다.

이런 회사의 직원들은 십중팔구 회의야말로 자신들이 회사에 다니는 가장 큰 이유이며 자신들에게 주어진 가장 중요한 일이라고 생각하는 것 같다. 월요일 오전에 주간 회의를 하고 대충 시간을 보낸 다음 점심을 먹고 오후부터 금요일 회의 준비를 한다. 이런 회사일수록 주간 회의뿐 아니라 월간 회의, 사장이 예고 없이 소집하는 회의가 끊이지 않는다. 따라서 직원들은 하루 종일 자리에 앉아 회의 자료를 준비해야 한다. 물론 그런 경우가 많지는 않겠지만, 회의에서 아무리 좋은 결과가 나와도 그것을 실행할 시간이 부족해진다. 다음 회의 자료를 준비하느라 현장에 나가 업무를 챙길 겨를이 없는 것이다. 일은 일대로 진행되지 않고 직원들은 시간에 쫓겨 힘들어한다.

회의 때문에 회사가 망한다는 게 바로 이런 것이다. 회의는 양이 아니라 질의 문제다. 회의를 자주 한다고 좋은 게 아니다. 상황에 따라서는 아침 저녁으로 매우 급하게 회의를 해야 할 때도 있다. 하지만 결론 없는 회의를 시도 때도 없이 해대는 것은 회사를 망치기로 작정한 것이나 다름없다.

장소도 회의 목적에 따라 충분히 고려해야 한다. 같은 팀원들끼리 하는 회의라면 보드가 설치된 회의실이면 충분하다. 하지만 다른 부서 직원들과 함께 참석하거나 사장 등 고위직이 참석하는 자리라면 회의 장소를 잘 선택한다. 필요하다면 회사 내부가 아닌 다른 장소에서 할 수도 있다.

주제와 안건, 시간과 장소, 참석자 명단, 준비물 등이 다 갖춰졌다 해도 이것은 요리로 치면 재료만 준비된 것이다. 재료를 효과적으로 잘 요리해서 훌륭한 음식으로 만들어내야 할 과제가 남아 있다. 회의를 주재하는 재료들이 원래 목표로 한 음식으로 만들어질 수 있도록 잘 이끌어 나가야 한다.

회의는 정해진 시간에 시작하고 정해진 시간에 끝나도록 해야 한다. 팀원들끼리 하는 격식을 차리지 않는 회의도 마찬가지다. 외부 손님이 참석하거나 고위급 인사가 참석하는 회의라면 더 말할 것도 없다. 정해진 시간에 시작하지 않으면 회의에 대한 신뢰는 물론 회사에 대한 믿음도 약해진다.

회의 주재자는 주제와 동떨어진 발언이 나오면 재빨리 원래의 주제로 돌아올 수 있도록 하고, 발언 기회를 갖지 못하는 사람이 없는지도 살펴야 한다. 목적지를 분명하게 인식하고 있는 버스 기사처럼 회의 주재자도 회의가 최종적으로 도달해야 할 지점을 확실하게 알고 있어야 한다.

회의 마무리도 잘해야 한다. 회의는 누구나 지겹다. 십중팔구 빨리 끝내고 그 자리에서 벗어나고 싶어 한다. 회의에 참석하는 것이 아무리 영광스러운 일일지라도 회의는 회의일 뿐이다. 따라서 예정된 시간에 끝낸다. 회의가 끝났을 때의 후련함을 생각하면 고민할 이유가 없다. 만약 예정된 시간에 끝낼 수 없는 상황이라면 충분히 양해를 구한다. 필요하면 짧은 휴식시간을 가진다. 예정된 시간에 회의가 끝났다 하더라도 인사말을 너무 길게 하면 안 된다. 참석해 주어서 고맙다는 말도 회의 시간에 포함된다.

격식을 갖춘 회의였다면 회의가 끝난 뒤 결과 보고서를 참석자들에게 보내주는 것이 현명하다. 참석자들은 나름대로 메모를 하거나 자신의 기억력을 믿겠지만, 그보다는 회의 주최 측에서 정리된 회의 결과를 주는 것에 더 만족해한다. 잘 정리된 회의 결과 통보는 참석자들에 대한 감사와 존중의 의미도 담고 있기 때문이다.

　회의에 참석하는 사람에게도 예의가 필요하다. 회의 참석을 요청받았으면 참석 여부를 반드시 알려야 한다. 회의를 진행하는 측에서는 참석 여부에 따라 준비를 달리 해야 하기 때문이다. 가능하면 빨리 참석 여부를 알려주고 불참하게 되면 그 이유를 분명하게 설명한다. 예고 없이 불참하는 것은 말할 것도 없지만, 불참 사유를 명확하게 알려 주지 않으면 성의가 없거나 책임감이 없다는 인상을 준다.

　참석하기로 했으면 준비를 철저하게 한다. 주제와 안건이 무엇인지, 자신의 역할은 무엇인지 분명하게 인식한다. 필요하다면 회의 주재자에게 자신이 꼭 챙겨야 할 사항이 무엇인지 물어보고 확인한다.

　회의 참석자는 회의시간에 맞춰 도착하도록 한다. 너무 일찍 도착하는 것도 예의에 어긋난다. 회의를 준비하는 사람들에게 부담감을 줄 수 있기 때문이다. 미리 도착한 사람들을 위한 리셉션 공간이 마련된 상황이라면 큰 문제는 없겠지만 그렇지 않으면 회의장 입구에 머쓱하게 서 있어야 한다. 따라서 회의장소에는 5분 정도 먼저 도착하는 것이 좋다.

　늦게 도착할 것 같으면 빨리 담당자에게 연락한다. 만약 회의 진행상 자신의 부재가 치명적이라면 수습할 시간을 주어야 한다. 진행자는 회의 시간을 늦출 수도 있고 순서를 다시 배열할 수도 있다. 좌석 배치를 탄력적으로 조절할 시간도 필요하다.

　자신이 회의 진행에 영향을 주지 않을 정도의 입장이라면 회의 진행에 방해가 되지 않도록 조심한다. 한창 회의 중일 때는 문을 조용히 열고 들어가고 남들의 신경에 거슬리지 않도록 좌석에 앉는다. 가방을 들었다 놓았다 하거나 의자를 삐걱거리고 큰 외투를 풀썩거리며 벗는 일이 없도록 한다. 휴식 시간이나 잠시 회의가 중단되었을 때 얼른 들어가는 것도 괜찮다.

회의는 흐름을 잘 타도록 한다. 회의를 이끌어가는 사람이 아니라면 진행자가 이끄는 대로 흐름을 맡긴다. 진행자의 미숙함이나 판단 착오로 회의가 엉뚱한 방향으로 흘러간다고 생각되면 상황에 대해 지적하고 바로 잡아 줄 것을 제안하되 정중한 자세를 잃지 않도록 한다.

다른 사람의 발언에 귀를 기울이고 다른 사람이 이미 한 말을 반복하지 않도록 하며 주제와 동떨어진 발언을 하지 않는다. 입을 꾹 다물고 있는 것도 좋지 않다. 지나친 침묵은 다른 사람들을 무시하거나 회의에 관심이 없는 것으로 여겨질 수 있다.

프레젠테이션은 회의의 하이라이트다. 회의의 목적과 주제를 가장 명확하게 드러내는 핵심 세션이다. 프레젠테이션이 성공하기 위해서는 전달할 내용과 그것을 구성하고 전개하는 방식, 무대와 소품, 참석자들을 위한 자리와 공간 구성 등이 조화를 이루어야 한다.

스티브 잡스 Steven Paul Jobs는 세계 IT 역사를 새로 쓴 천재였다. 그가 2011년, 췌장암으로 세상을 떠났을 때, 사람들은 1명의 IT 천재와 함께 최고의 프레젠터를 잃어버렸다며 탄식했다.

사람들이 그의 프레젠테이션을 호기심 어린 눈으로 기다린 것은 애플의 신제품 때문만은 아니었다. 그가 또 어떤 프레젠테이션을 보여 줄 것인지가 또 다른 관심사였던 것이다. 그의 프레젠테이션 기법은 전문가들의 흥미로운 주제였고 그것을 주제로 한 책들도 쏟아져 나왔다.

그는 미디어를 통해 프레젠테이션 날짜를 알렸을 뿐 신제품과 프레젠테이션에 관한 어떤 정보도 내놓지 않았다. 사람들은 궁금증으로 안달이 날 지경이었다. 그는 치밀하게 준비했다. 준비한 원고에 따라 말투와 표정, 몸짓 등을 수없이 반복하면서 실제 상황에서 자연스러운 모습이 될 수 있도록 했다. 청바지와 검은색 터틀넥을 입고 등장한 것도 전략이었다. 부유한 스티브 잡스가 아닌 우리와 다르지 않은 친근한 이미지를 주려한 것이다.

그는 훌륭한 스토리 메이커였다. 그의 스토리는 청중들로 하여금 그들이 왜 그 자리에 와 있는지를 깨닫게 해 주었다. 시간과 돈을 들여 그 자리에 온 이유가 무엇인지를 스스로 알 수 있도록 한 것이다. 그가 가장 즐겨 사용한 기법은 대결 구도를 만들어내는 것이었다. 경쟁사 제품에 대한 문제점을 들려주고, 애플 신제품들이 그것을 극복할 수 있다는 것을 직접 보여주었다.

그는 경영자로서는 독선적이고 모질었다. 하지만 프레젠테이션을 할 때만큼은 친절했다. 전문 용어 대신 '노래 1,000곡을 호주머니에 넣고 다닐 수 있는 용량'이라는 식으로 누구나 쉽게 알아들을 수 있게 설명했다. 장황한 설명 대신 핵심 문구만을 정리해 들려줌으로써 깊은 인상을 남겼다.

테렌스 번스Terrence Burns는 프레젠테이션의 달인이다. 그는 2010년 밴쿠버, 2014년 소치, 그리고 2018년 평창 동계올림픽의 프레젠테이션 총감독이었다. 그는 두 번 평창을 떨어뜨렸지만, 마지막 세 번째에서는 평창에 영예를 안겨 주었다. 그는 '훌륭한 프레젠테이션을 하기 위해선 대상과 이유를 명확하게 인식하는 게 중요하다'고 강조한다. 그가 제시하는 성공적인 프레젠테이션의 핵심은 다음과 같다.

"청중들이 어떤 사람인지, 무엇을 듣고 싶어 하는지 알아야 한다. 그들이 듣고 싶어 하는 이야기를 해야 마음을 얻을 수 있다. 프레젠터가 하고 싶은 말을 하면 실패한다. 청중들은 자신들이 듣고 싶은 이야기에 귀를 기울인다."

그는 동계올림픽 유치 프레젠테이션에서 IOC 위원들이 아시아 시장에 관한 것을 듣고 싶어 한다는 것을 꿰뚫어 보았다. 사람들은 더 이상 남북평화 같은 주제에는 귀 기울이지 않는다. 상업적 이익을 추구하는 IOC는 평창이 아시아 시장 개척의 교두보 역할을 할 것이란 사실에 매력을 느꼈던 것이다. 그의 판단은 정확했다.

프레젠테이션할 때 가끔은 침묵할 줄도 알아야 한다. 아무리 중요한 부분이라고 해도 숨도 쉬지 않고 장황하게 말하게 되면, 청중들이 집중력을 잃게 된다. 30초 정도 말하고 끊어주는 게 좋다. 질문을 던져 생각할 시간을 주면, 청중들은 더 집중할 수 있고 흥미도 높아진다. 중요하다고 생각되는 부분 바로 앞에서 잠시 쉬어주면 효과가 좋아 진다. 침묵이 너무 길면 어색할 수 있으니 주의한다.

갈망하는 눈빛으로 청중을 바라보아야 한다. 눈길이 마주친 청중은 더욱 집중하게 되고 연사에 대한 호감도가 높아진다. 특정인에게 자주 눈길을 보내면 당사자가 부담스러울 수 있고, 다른 사람들은 불공평하다고 느낀다. 차분하게 골고루 눈길을 던지는 게 좋다.

어설픈 농담은 금물이다. 유머 감각이 별로 없는 사람이 분위기를 띄워보겠다며 농담을 던지는 것은 위험하다. 초반의 썰렁한 농담은 프레젠테이션의 신뢰를 떨어뜨릴 수 있다.

외국 무대에서 외국인들을 상대로 프레젠테이션할 때는 정체성을 지키는 것이 좋다. 동양인이 유럽인이나 미국인의 흉내를 내면 오히려 반감을 살 수 있다. 2006년, 동계올림픽 유치 프레젠테이션에서 일본 대표가 서구인처럼 유머를 구사했다가 오히려 감점 요인이 된 적이 있다. 반면 평창 동계올림픽 유치 팀은 한국인 정서와 이미지를 끝까지 지켰고 그것이 주효했다.

외국인들 앞에서 프레젠테이션하다 보면 긴장감 때문에 호흡을 놓칠 수 있다. 외국인들도 당신을 외국인으로 알고 배려한다는 사실을 명심하면 부담감이 줄어들 것이다. 평소와 같이 또박또박 자신의 호흡과 리듬을 지키는 것이 좋다. 설사 실수하더라도 치명적인 것이 아닌 경우 미소로 실수를 인정하면 무난하게 위기 상황을 넘길 수 있을 것이다.

직장 내
호감의 거리 법칙

chapter 08

아프리카 초원에는 야생의 거리가 있다. 초식동물들은 무리를 지어 풀을 뜯는 동안 결코 경계를 늦추지 않는다. 작은 발걸음 소리 하나에도 귀를 쫑긋 세우고 미세한 냄새에도 신경을 곤두세운다. 포식자들이 다가오는 것을 알아채기 위해서다. 포식자가 일정한 거리 내로 접근하면 그들은 위험을 감지하고 일제히 도망친다. 초식동물들이 포식자로부터 안전한 거리를 유지할 때만 초원은 평화롭다. 포식자들 사이에도 평화의 거리가 존재한다. 같은 종족 간에도 무리와 무리 사이에 그들만의 영역이 존재한다. 자신의 영역을 침범하게 되면 그들은 목숨 걸고 싸운다. 사람들 사이에도 이 평화의 거리가 존재한다. 누구나 자신의 고유한 영역을 확보하고 지키려 한다. 자신의 영역이란 지위에 따른 권리와 물리적 공간, 두 가지를 의미한다.

사무실은 여럿이 함께 근무하는 공동의 공간이다. 직급에 따라 별도의 사무실을 두기도 하고 칸막이로 각자의 영역을 나누기도 한다. 어떤 형태의 사무실이든 각자에게 주어진 영역이 존재하며 그것이 남들로부터 침범받지 않는 평화롭고 안정된 공간이길 희망한다.

기업의 문화에 따라 사무실의 구조도 달라진다. 피라미드식 계급 구조를 중요시하는 조직에서는 개인 사무실을 많이 두는 편이고 그렇지 않은 기업은 칸막이 형태를 선호한다. 칸막이 사무실은 같은 공간을 나눠 효율적으로 쓸 수 있다는 면에서 경제적이다. 신속한 커뮤니케이션과 일체감 등이 장점으로 꼽히지만, 사적 공간의 침해나 사생활 노출의 위험 등은 단점이다.

개인 사무실을 갖고 있다는 것은 대개 직위가 높다는 의미다. 사장은 말할 것도 없고 서열상 높은 위치에 있는 사람일수록 개인 사무실을 가질 확률이 높다. 개인 사무실을 사용한다는 것은 성공의 척도이자 빛나는 자부심의 상징이기도 하다. 하지만 자칫하면 다른 사람들과의 소통을 어렵게 하거나 고립을 자초하는 단절의 벽이 될 수도 있다.

개인 사무실을 가진 사람이 가져야 할 가장 큰 미덕은 개방성과 겸손함이다. 철옹성처럼 굳게 문을 닫고 혼자만의 비밀스러운 공간으로 만드는 게 아니라 언제든 누구나 문을 두드리고 들어올 수 있는 열린 공간이 되도록 한다. 또한, 방에 들어온 사람은 누구나 평등하고 편안한 느낌이 들 수 있도록 배려한다.

방문을 열고 누군가 들어왔는데도 서류만 들여다보고 있거나 전화기를 놓지 않고 수다를 떨고 있는 것은 상대를 배려하지 않는 행동이다. 책상에 다리를 올려놓고 거만한 표정으로 방문객을 바라보는 것도 윗사람다운 태도가 아니다. 부하 직원이라 하더라도 자신의 방을 찾은 손님이라 여기고 따뜻하게 맞아주어야 한다. 미소를 지으며 인사를 나누거나 차를 권할 수도 있다. 책상에서 돌아 나와 상대와 가까운 자리에 앉아 대화를 나누면 상대가 훨씬 평등한 느낌을 받게 된다.

같은 공간에서 자신은 사무실을 가지고 있고 나머지 직원들은 칸막이에서 일하는 상태라면 더욱 신경 써야 한다.

아주 특별한 경우가 아니면 문을 열어놓고 칸막이에서 근무하는 직원들에게 늘 마음을 열어놓고 있다는 걸 알려야 한다. 또한, 칸막이 직원들처럼 자신 역시 사적인 전화 통화 대신 업무에 열중하고 있다는 걸 보여준다. 그리고 언제든 필요하면 문을 여는 수고조차 하지 않고 방으로 들어와도 된다는 의사표현을 한다.

개인적인 공간에서 누구의 간섭도 받지 않고 편안하게 지내고 싶겠지만 그렇다고 자신의 안방에서처럼 무한한 자유가 주어지는 것은 아니다. 자신 역시 회사에서 월급을 받고 일하는 직원이며 개인 사무실은 일하는 공간이라는 사실을 잊지 않도록 한다.

외부 방문객과 대화를 나누거나 다른 사람이 들으면 곤란할 수 있는 대화를 나누어야 할 때는 문을 닫는다. 문은 조심스럽게 닫는다. 칸막이 안에서 일하는 직원들이 다 알아챌 수 있을 정도로 소리가 나게 문을 닫으면 모두가 불편하고 불안해질 수 있다. 방 안에서 무슨 비밀스러운 일이 일어나나 하고 쓸데없는 호기심을 유발할 수도 있다. 수다꾼들에게 소문 거리를 제공할 필요는 없다.

칸막이는 개방형 사무실, 평등의 공간, 벌집 등 여러 의미로 해석될 수 있다. 칸막이의 장점은 적은 비용으로 빠른 시간에 설치할 수 있다는 것이다. 방을 만드는 비용을 아끼고 그 돈으로 다른 것을 할 수 있다. 또한, 설치와 해체가 자유로우므로 필요하면 언제든 공간을 변형할 수 있다. 새로운 인원이 오게 되면 곧바로 새 구획을 만들거나 사람이 빠져나가면 즉시 그가 남긴 공간을 없앨 수도 있다.

칸막이는 수평적인 의사결정을 가능하게 하는 평등한 공간이다. 칸막이는 직급에 상관없이 거의 비슷한 크기와 형태로 제공되는 공동주택 개념의 사무 공간이다. 따라서 누구나 평등하다는 느낌이 들 수 있고 저마다 최소한의 프라이버시를 침해받지 않을 기회를 갖게 된다.

칸막이는 협동과 조화를 촉진해 업무 효율성을 높일 수 있다. 고개만 들면 바로 옆 동료들을 볼 수 있기 때문에 적은 비용으로 빠르고 정확하게 소통할 수 있다. 동료의 고충이나 어려움을 파악하기가 쉽고 도움이나 협조를 요청하기도 좋다.

물론 칸막이의 단점도 많다. 칸막이는 개인의 행동이 고스란히 노출되기 때문에 사생활 보호가 되지 않고 타인의 시선을 의식해 업무에 집중하기 어렵다. 마주 보기 싫은 동료들과도 억지스럽게 얼굴을 맞대야 하는 것은 생산성을 높이는 데 방해가 된다. 가장 참기 어려운 점은 획일적으로 나뉜 공간에 갇혀 일하는 자신의 신세가 기계 부품에 지나지 않는다는 느낌이 들 때이다.

그럼에도 칸막이 안에서 일해야 할 상황이라면 즐겁게 받아들여야 한다. 칸막이를 하는 것은 회사의 사정에 따른 것이고 그것을 설치하거나 해체하는 결정권도 회사에 있다. 자신은 그저 주어진 칸막이 안에서 열심히 일하면 그만이다. 칸막이 안이든 개인 사무실이든 그 사람의 마음먹기에 달렸다. 자신의 방을 가질 수 있는 사람은 칸막이 안에서 불평하지 않고 일하는 사람이다. 칸막이가 자신의 발전에 장애물이라 여기지 않고 자신의 능력을 계발하고 발휘할 수 있는 고마운 공간이라 여기는 사람이 결국 자신의 사무실을 갖는다.

좁은 공간에서 부대끼고 살다 보면 별것 아닌 것 때문에 신경이 곤두서고 서로 불편할 수 있다. 따라서 서로 예의를 지키고 배려하는 마음을 갖도록 한다. 가까이 지낼수록 예의를 더 잘 지켜야 한다. 접시가 깨지는 것 같은 히스테릭한 목소리, 딱딱 껌 씹는 소리, 생화학 무기처럼 정신을 아찔하게 만드는 지독한 향수 냄새 등 사소하지만, 그냥 참고 넘어가기에는 너무나 성가신 일들이 칸막이 안에서 일하는 직원들의 신경을 곤두서게 할 수 있다.

주위에 이런 몹쓸 짓을 하는 사람이 있다고 짜증 내기 전에 먼저 자신의 모습부터 살펴본다. 큰 소리로 전화 통화를 하지 않는지, 지독한 담배 냄새를 풍기지 않는지, 점심으로 청국장을 먹고 들어와 사무실에 냄새를 풀풀 풍기지 않는지, 바지 지퍼가 열린 줄도 모르고 옆자리의 여직원에게 쓸데없는 농담을 던지지 않는지 자신부터 돌아보자.

칸막이는 고개만 들면 사방팔방이 다 보인다. 다른 사람이 무엇을 하고 있는지 쉽게 알 수 있다. 하지만 이것이 서로 불편하게 하기도 한다. 앞이나 옆의 동료가 느닷없이 칸막이 위로 고개를 쑥 내밀고 내려다 보는 걸 반길 사람은 없다. 사적인 영역이 예고 없이 침범당했다는 느낌과 함께 집중하고 있던 일에 방해가 되었다는 생각에 화가 치밀어 오를 수 있다. 그렇다고 짜증을 낼 수도 없다. 신경이 지나치게 예민하거나 까다로운 사람으로 낙인찍힐 수 있기 때문이다.

따라서 느닷없이 칸막이 위로 얼굴을 들이미는 일은 없도록 한다. 의사소통하고 싶으면 그의 곁으로 다가가 말을 걸어야 한다. 무턱대고 옆으로 가서는 "대화 좀 해도 될까요?" 하고 묻는 것도 실례다. 상대의 칸막이로 다가가 그가 업무에 집중하고 있지는 않은지 먼저 살펴본다. 상대에게 방해되지 않겠다 싶으면 칸막이를 톡톡 두드려 자신이 방문했다는 사실을 알린다.

칸막이에서 다른 사람과 대화를 나누다 보면 다른 사람이 다 듣게 된다. 짧은 대화는 괜찮겠지만 오랫동안 대화를 주고받게 되면 다른 사람들의 업무에 지장을 줄 수밖에 없다. 다른 사람들 곁에서 실없이 어슬렁거리거나 업무와 아무런 상관도 없는 말들을 하지 않도록 한다. 외부 손님이 찾아 온 경우라면 다른 방이나 바깥으로 나가는 것이 좋다. 다른 사람이 들으면 문제가 생길 소지가 있는 사적 대화도 주의한다.

자신의 목소리가 다른 사람들에 비해 더 크거나 톤이 높지는 않은지 주위 사람들에게 물어 확인할 필요가 있다. 만약 그렇다면 평소 목소리를 낮춰 말하는 연습을 한다. 아직도 굵고 큰 목소리로 말하는 것이 남자다운 것이라고 착각하는 사람들이 있다. 사무실에 이런 사람이 있으면 목소리 크기와 교양은 반비례한다는 사실을 알려주어야 한다.

전화 통화를 하다 보면 자신도 모르게 목소리가 커지는 수가 있다. 이 역시 평소 습관이 중요하다. 사무실에서 전화 통화를 할 때는 무조건 소리를 낮추는 습관을 들여야 한다. 큰 목소리로 통화하다 보면 다른 사람의 일에 방해가 되는 것은 물론 개인적인 비밀이 들통 날 수도 있다.

개인적인 전화라면 바깥으로 나가서 하는 게 좋다. 업무와 관련된 전화일지라도 큰 소리로 말해야 하거나 전투적인 자세로 통화해야 할 상황이라면 다른 방으로 가거나 바깥으로 나가는 게 좋다. 아무리 업무상 통화라 하더라도 자신의 성격이 고스란히 드러날 수 있고 다른 사람들에게 간섭할 빌미를 제공할 수 있다.

대화를 나누기 위해 찾아간 사람이 통화 중이라면 얼른 물러나는 게 좋다. 빨리 통화를 끝내라고 재촉하는 것처럼 상대의 주위를 맴돌아선 안 된다. 일단 자리를 뜬 다음 다시 기회를 보아 찾아가도록 한다.

쉼 없이 코를 킁킁대거나 콧물을 훌쩍거리는 것도 주위 사람들을 힘들게 한다. 후루룩거리며 컵라면을 먹거나 차를 마시는 것도 그렇고 하품을 요란하게 하는 것도 마찬가지다. 재채기를 하거나 감기로 기침을 할 때 입을 막아야 주변 사람들이 불안해하거나 불쾌해하지 않도록 한다.

칸막이 내부는 자신의 재량에 따라 꾸밀 수 있다. 공간에 대한 통제력과 지배력을 스스로 확보하고 행사할 수 있어야 행복감을 느낀다. 업무 스트레스를 줄이고 용기를 주는 가족사진이나 아름다운 풍경 사진, 귀여운 캐릭터 등으로 자신의 칸막이 안을 꾸민다고 나무랄 사람은 없다. 외부 고객들을 주로 상대하는 은행 창구나 관공서, 창의적인 일을 하는 광고회사처럼 환경에 따라 다르지만, 칸막이 안을 꾸미는 건 재량껏 하면 된다.

하지만 칸막이 안 역시 공동 작업을 하는 사무공간이라는 점을 잊지 않도록 한다. 무엇보다 그곳은 완전히 사적인 은밀한 공간이 아니라는 점도 명심한다. 이성의 누드 사진 같은 것을 붙여 놓거나 종교적인 색채가 짙은 글이나 도안을 걸어놓은 것도 좋지 않다. 이웃의 시선으로부터 자신을 보호하고 소음이나 나쁜 냄새를 막기 위해 칸막이 위에 작은 화분이나 코르크 보드는 세울 수도 있다. 그렇다고 대충 찢어 붙인 종이로 칸막이를 장식하거나 보기 흉한 그림을 방패로 쓰면 곤란하다.

회사에 대한 나쁜 소식을 실은 신문 기사나 인터넷 상의 글들을 칸막이벽에 보란 듯이 붙여놓아서는 안 된다. 회사에 불만을 품고 있는 사람으로서 내부 고발자가 될 가능성이 높다고 인식될 수 있다. 쓸데없이 오해받을 일은 아예 하지 않는 게 좋다.

체취나 고약한 냄새로 함께 일하는 옆 칸막이 동료 직원들을 괴롭히지 않도록 한다. 담배를 피우는 사람이라면 더욱 조심한다. 담배를 피우는 사람이 가장 먼저 생각해야 할 점은 담배를 피우지 않는 사람의 후각이 생각보다 훨씬 예민하다는 것이다. 담배를 피우지 않는 사람들은 미세한 담배 냄새에도 민감하게 반응한다. 담배를 피우고 냄새를 풀풀 날리는 사람은 타인을 배려할 줄 모르는 염치없는 사람이라는 인상을 줄 수 있다.

흡연자라면 대화를 나누는 사람과 거리를 충분히 두는 것이 좋다. 대화 전에 입안을 구강청결제로 충분히 헹구거나 양치질을 하거나 구취 스프레이를 사용한다. 좁은 공간에서 담배를 피우면 온몸에 냄새가 배기 때문에 열린 공간에서 피우도록 하고 흡연실에서 피웠다면 반드시 신선한 공기를 충분히 쐬도록 한다. 담배 냄새는 옷과 몸에도 찌들기 때문에 자주 옷을 갈아입고 잘 씻는다.

시가는 특히 주의한다. 시가는 피우는 사람이야 기분이 좋겠지만, 몸과 옷에 밴 냄새는 일반 담배보다 훨씬 더 지독하다. 담배를 피우는 사람도 시가의 찌든 냄새에 코를 틀어막기도 한다. 직장이나 비즈니스 관련 장소에서는 가능하면 시가를 피우지 않는 것이 좋다.

참기 어려운 체취나 입 냄새도 거리 유지만으로 해결될 일이 아니다. 잘 씻지 않거나 위생 상태를 잘 유지하지 못해 역겨운 냄새를 풍길 수도 있지만, 건강이 나빠 그럴 가능성도 있다. 자신도 모르게 냄새를 피울 수 있으므로 그것이 청결이나 위생상의 문제인지 아니면 건강상의 문제인지 확인해야 한다.

"당신 몸에서 냄새가 너무 심하게 나는데요" 하고 대놓고 말하기는 쉽지 않다. 친한 사이라면 조심스럽게 말해 줄 수 있을 것이다. 하지만 그렇지 못할 경우라면 난감하다. 그렇다고 매일 얼굴을 마주하고 지내야 할 사람이라면 그냥 참고 넘어갈 수도 없다. 이럴 때는 냄새의 당사자와 친한 사람이 말하도록 귀띔해주는 것도 방법이다.

그러나 정작 중요한 문제는 자신이 다른 사람에게 나쁜 냄새를 피우는 사람이 아닌지 먼저 살피는 것이다. 마늘 냄새를 풀풀 풍기면서 다른 사람의 체취에 대해 불평하면 꼴불견이다. 너무 독한 향의 향수를 쓰는 것도 삼가야 한다. 다른 사람에게 좋은 느낌을 주기 위해 뿌린 향수가 오히려 혐오감을 줄 수 있다. 비즈니스 모임에서 은은한 향의 향수는 분위기를 돋우고 상대를 즐겁게 만들 수 있지만 좁은 사무실에서 지나친 강도의 향수는 문제가 될 수 있다. 몸에서 분비되는 화학물질이 향기의 강도를 더할 수 있으므로 미리 집에서 테스트해 보는 것이 좋다.

앞니에 고춧가루나 시금치가 끼거나 바지 단추가 열린 줄도 모르고 사무실을 활보하는 황당한 상황은 언제든지 벌어질 수 있다. 여성의 경우 눈 화장이 번져서 눈덩이가 얻어맞은 것처럼 시퍼렇게 물든 상황이나 스타킹의 올이 헤쳐져 다리에 흉터가 난 것처럼 보일 때도 있다. 본인이 그런 경우라면 운이 없는 것이지만, 남들이 그런 모습을 하고 있을 때는 난감하다. 바로 말해 주기도 불편하고 그냥 보아 넘기자니 할 일이 아닌 것 같고, 이러지도 저러지도 못하는 경우가 생긴다.

이런 때는 도와준다는 마음으로 알려주는 게 좋다. 상대가 민망하지 않도록 조심스럽게 알려주는 게 문제인데, 그게 사실은 쉽지 않다. 입을 쩍 벌리고 웃으면서 떠들고 있는 사람에게 "앞니에 고춧가루 끼었는데요" 하고 말할 수 있는 사람이 몇 명이나 될까? 친하지 않은 사람이라면 그냥 모른 체하는 게 좋다. 하지만 친한 사람이라면 주저 없이 말해 주는 게 낫다. 다른 사람 앞에서 또 우스운 꼴을 당하지 않게 하려면 빨리 알려 주어야 한다.

남자의 바지 앞 단추가 열린 걸 여성이 보았다면 다른 남성에게 알려주라고 말해 주는 게 좋다. 여성이 대놓고 "바지 단추 열렸어요" 해 버리면 두 사람 모두 난처해진다. 여성의 스타킹이 문제가 있다면 다른 여성을 통해 알려주는 게 바람직하다.

무엇보다 누군가 자신이 그런 모습을 한 것에 대해 지적해 주면 절대 화내지 말자. 대신 "정말 고맙습니다"라고 말하고 얼른 돌아서서 수습을 하는 게 좋다. 말해 준 사람도 민망하지 않도록 당황한 기색을 보이지 않도록 한다. 웃으면서 슬쩍 수습하면 좋다. 이런 사소한 것들이 때로는 호감을 급격하게 끌어올리기도 하고 떨어뜨릴 수도 있다. 사소한 일을 잘 챙기고 신경 쓰는 사람이 큰일도 잘 한다.

에밀리 포스트는 "매너란 다른 사람이 받게 될 느낌을 예민하게 인식하는 것이다. 이러한 인식을 할 때, 당신은 어떤 포크를 쓰든 훌륭한 매너를 가진 것이다"라고 말했다. 예의란 다른 사람의 처지에서 생각하고 배려하는 것이다. 예의를 지킨다는 것은 상대를 존중한다는 의미다. 자신을 존중해주는데 싫어할 사람은 없다. 직장에서 호감을 얻기 위한 최고의 비결은 바로 예의를 지키는 것이다.

직장에서 남녀 직원들 사이에 예기치 못한 갈등 상황이 발생할 수 있다. 업무상 의견이 다르거나 실수 때문이 아니라 남녀 간의 성별 특성을 제대로 이해하지 못하면 그럴 수 있다. 차별해서는 안 되지만 그렇다고 성별 특성을 무시하면 곤란하다. 남녀 간의 특성을 잘 이해하고 불필요한 갈등이 일어나지 않도록 노력하는 것이 현명하다.

남성들이 주도하는 직장에서는 여자다운 기질을 발휘하는 여성이 더 성공하기 쉽다는 연구 결과가 있다. 미국 버지니아 주 조지 메이슨 대학 올리비아 오넬리Olivia Oneli 박사 팀이 이 학교 경영학 석사 과정 남녀 학생 80명을 상대로 그들의 기질과 성격을 조사한 다음 8년 후 그들의 생활을 추적해보았다. 그랬더니 직장에서 남성처럼 공격성이 강한 여성보다는 여성스러움을 지혜롭게 발휘한 스타일이 더 성공적인 삶을 살고 있었다. 물론 그렇다고 해서 '성공하고 싶으면 여성스러워

저야 한다'고 말할 수는 없다. 하지만 여성은 여성스러움을 숨기고 남성처럼 행동하는 것보다는 자연스럽게 행동하는 것이 성공에 더 도움이 된다.

반대로 남성들 역시 여성들의 특성을 잘 이해하고 협력할 줄 알아야 한다. 남성들은 여성들에게, 지위고하를 막론하고 정중한 태도와 말투로 대하고, 여성을 비하하는 말은 하지 않도록 한다. 은연중에 남성이 우월하다는 인식을 드러내지 않도록 하고, 여성들의 말에 귀를 기울이는 태도를 보인다. 여성들의 경우, 공적인 업무와 사적인 일을 구분하고 직장에서의 인간관계를 사적인 관계로 오해하지 않도록 한다. 프로답게 야무지게 말하는 습관을 들이고, 핵심을 말하는 요령을 익힌다. 전달하고자 하는 바를 정확하게 말하고, 원하는 것과 싫은 것을 상대방이 분명하게 알 수 있게 한다.

점심 시간에 업무와 관련된 따분한 이야기를 나누는 것도 피해야겠지만, 다른 동료들을 험담하거나 자식 자랑을 지나치게 늘어놓는 일도 좋지 않다. 성생활이나 이혼 등 지나치게 개인적인 문제도 되도록 얘기하지 않도록 한다.

매일 같은 사람과 점심을 먹을 게 아니라 가끔은 다른 사람들과도 어울리는 것이 좋다. 점심시간은 다른 사람들과 교류하고 친해질 수 있는 좋은 기회이기 때문이다. 도시락을 싸간 날 윗사람이나 중요한 사람이 함께 점심을 먹으러 가자고 제안하면, 도시락은 나중에 먹어도 된다는 여유를 갖자.

복사기를 사용할 때 복사할 분량이 많아 시간이 오래 걸린다면 뒷사람이 두세 장 정도만 복사하면 된다면 양보하도록 하자. 많은 양을 한창 복사 중일 때 다른 사람이 오면 시간이 어느 정도 걸릴 것인지 말해 주는 친절함도 잊지 않도록 하자. 복사량이 많아 종이 소비량이 많았다면 다시 채워 넣을 줄도 알아야 한다. 다른 사람에게 온 팩스를 전달해주는 것은 친절한 행동이지만 개인적인 용무로 온 팩스 내용을 자세히 들여다보는 것은 실례가 되니 주의하자.

탕비실에서 함께 쓰는 냉장고 사용에도 매너가 필요하다. 얼음을 쓰고 나면 다시 물을 부어 얼려놓을 줄 알아야 하고 음식물이 상해 냄새가 날 때까지 넣어두지 않도록 한다. 전자레인지를 사용하다 국물이나 찌꺼기로 얼룩졌다면 깨끗이 닦아 주자.

뒷사람을 위해 문을 잡아 주는 것은 기본이다. 문을 열고 나가려고 할 때 반대편에서 들어오려는 사람이 있으면 문을 잡고 기다려 준다. 로비에서 누군가를 기다릴 때는 출입구와 엘리베이터 문 앞을 가로 막지 않도록 한다. 다른 사람들이 오가는 데 방해가 되지 않도록 벽 쪽에 붙어서야 한다. 다른 사람들에게 불편함을 주는 지에는 관심도 없이 엘리베이터 문 앞이나 출입구 쪽에 우르르 몰려 있는 것도 실례다. 사람들이 밀려드는 점심시간에는 특히 주의한다. 복도에서 대화를 나누어야 할 일이 있을 때에도 다른 사람의 통행에 방해되지 않도록 비켜서 준다.

엘리베이터를 타고 내릴 때에도 다른 사람을 위해 문을 잡아 주거나 버튼을 눌러 주는 것이 예의 있는 행동이다. 서열상 하위에 있는 사람이라면 더욱 그렇게 해야 한다. 몸이 불편한 사람들을 위해 배려하는 것도 아름다운 모습이다. 이러한 사소한 행동에서 그 사람의 품격이 느껴진다.

가고자 하는 층의 버튼을 누른 다음에는 안쪽으로 들어가 다른 사람들이 들어설 공간을 만들어 준다. 버튼을 누를 수 없으면 다른 사람에게 부탁해도 된다. 엘리베이터가 꽉 차 있는데도 비집고 들어가는 것도 꼴불견이다. 엘리베이터 문이 막 닫히려는 순간 달려가서 열림 버튼을 누르는 것도 예의 없는 행동이다. 그럴 수밖에 없는 다급한 상황이 있었다면 먼저 타고 있던 사람에게 반드시 "고맙습니다" "죄송합니다" 하고 인사하는 게 옳다.

엘리베이터에 타고 있는 다른 사람의 얼굴을 빤히 쳐다보는 몰상식한 행동도 금물이다. 특히 우리나라 사람들 중에는 남의 얼굴을 빤히 들여다보는 것이 얼마나 실례가 되는지 전혀 모르는 이들이 많다. 이어폰을 꽂고 있더라도 음악 소리를 지나치게 크게 하지 않도록 하고 음악에 맞춰 흥얼거리는 일도 없도록 한다.

엘리베이터 안에서 큰 소리로 대화를 나누는 것은 삼가야 한다. 반가운 누군가를 만났다고 해서 서로 안부를 물으며 크게 떠드는 것도 남을 배려하지 않는 행동이다. 귓속말을 주고받는 것도 좋지 않다. 다른 사람들 앞에서 귓속말을 주고받는 것은 예의에 어긋나는 행동이다. 그들만의 기밀사항이나 영업상의 비밀 거래에 대해 소곤거리는 것도 다른 사람의 신경에 거슬릴 수 있다.

엘리베이터에서 내릴 때는 문 앞에 가장 가까운 사람이 먼저 내린다. 하지만 서열이 낮거나 주인이면 내리지 않고 길을 터주면서 열림 버튼을 누르고 상급자나 손님이 먼저 내리도록 해 준다. 엘리베이터 안에 오퍼레이터가 있다면 감사의 말을 잊지 않는다.

회사 전화로 개인적인 통화를 하는 것은 바람직하지 않다. 회사에서 개인적인 용도로 쓰라고 전화기를 준 건 아니기 때문이다. 개인적인 통화는 자신의 전화기로 하는 게 맞다.

사무실 비품을 집으로 가져가는 것도 자제한다. 펜이나 클립 같은 작은 사무용품 몇 가지를 들고 갔다고 크게 문제될 일은 아니다. 하지만 습관적으로 복사용지를 통째로 들고 가거나 화장지를 세트로 들고 가는 것은 도둑질이나 마찬가지다.

책상 정리는 매일 한다. 책상 정리를 하다 보면 잃어버린 물건을 찾을 수도 있고 꼭 챙겨야 할 과제를 확인할 수도 있다. 퇴근 전 책상정리를 통해 하루 일과를 최종 점검하고 다음 날 할 일도 생각한다. 그래야 다음 날 아침 상쾌한 기분으로 하루를 시작할 수 있다. 깨끗하게 정리된 책상은 다른 사람의 기분까지 좋게 만든다.

해고 통보는 금요일이 가장 좋다. 주말 동안 현실을 받아들일 시간을 가질 수 있기 때문이다. 사장이나 책임 있는 사람이 직접 통보하는 것이 예의다.

반대로 자신이 회사를 떠나게 되었을 때는 좋은 인상을 남기도록 하자. 그동안 쌓인 섭섭한 감정을 폭발해버리고 싶더라도 참자. 다시 회사로 돌아올 수도 있고 남은 사람들이 내 사업의 고객이 되거나 다른 직장에 들어가려 할 때 나에 대한 평판을 할 수도 있다. 회사를 떠날 때는 윗사람과 동료들에게 반드시 감사의 인사를 한다.

호감은 취업을 위한
필수 스펙이다

chapter 09

직장을 얻기 위해선 자신이 얼마나 능력이 있는 사람인지, 또 얼마나 함께 일하고 싶은 사람인지 제대로 알려야 한다. 예의 바르고 겸손하며 자신감이 넘친다는 것도 보여주어야 한다. 이 과정에서 에티켓은 필수적이다. 구직을 위한 정보를 얻고 새로운 사람을 만나 자신을 소개하고 추천서를 부탁하며 이력서와 자기소개서를 작성하고 면접을 보는 모든 과정에서 적절하고도 효과적인 에티켓이 필요하다.

학교를 졸업하고 첫 직장을 구하는 사회 초년병이든, 다니던 직장을 그만두고 다른 직장으로 옮기고자 하는 사람이든, 느닷없는 해고로 실업자 신세가 된 사람이든, 구직이라는 목표를 달성하기 위해서는 상대로부터 호감을 얻어야 하고 그러기 위해선 에티켓은 절대적으로 필요하다.

어느 통계자료에 따르면, 구직자의 절반 이상이 인맥을 통해 직장을 옮기는 것으로 나타났다. 구직시장에서는 자신의 능력이나 적성, 배경 못지않게 누구와 얼마나 효율적으로 연결되어 있는지가 매우 중요하다는 것이다.

친분을 맺거나 정보를 주고받으며 서로에게 도움을 주는 것을 인맥 활용 혹은 인적 네트워킹이라 할 수 있다. 네트워킹의 핵심은 상대로부터 얼마나 도움받을 것인지 계산하기보다는 그로부터 얼마나 신뢰를 얻을 것인지 고민하고 노력해야 한다는 것이다. 인맥으로 연결된 누군가로부터 받게 되는 신뢰는 구직을 위한 유익한 정보를 받는 것은 물론, 그가 추천인으로서 강력한 힘을 발휘할 수 있다는 점에서 매우 중요하다.

네트워킹을 잘 한다는 것은 상대를 존중하고 먼저 도움을 줄 자세가 되어 있다는 의미이기도 하다. 유명인과 잘 알고 지낸다며 허풍을 떨거나 다른 사람들로부터 얻어낼 수 있는 이익만 고려하는 사람은 네트워킹에 실패한 것이다.

인맥관리라고 하면 거부감을 갖는 사람들도 많다. 인간관계는 정이나 사랑, 신뢰 같은 순수한 가치로 맺어야 진실한 것이며, 이익을 위해 인위적으로 관리하고 조정하는 것이 옳지 못하다고 여기는 것이다. 물론 자신이 얻을 수 있는 이익은 정이나 신뢰 같은 순수한 가치를 먼저 공유한 다음의 마지막 결과물이지 그 자체가 목적이라 여기면 안 된다. 이익만을 위한 네트워킹은 반드시 실패하기 마련이다.

인맥관리는 농부가 밭을 일구고 가꾸는 것과 같다. 농부가 씨를 뿌리고 거름을 주고, 잡초를 뽑아주며 진실한 마음으로 지극정성을 쏟아 부어야 튼실한 열매를 얻을 수 있다. 네트워킹 역시 평소 공을 들여 관리 해야만 좋은 결과를 얻을 것이다. 평소에는 연락도 잘하지 않다가 구직을 해야 할 때 불쑥 연락하면 서로 민망해질 뿐이다. 상대로부터 약삭빠르고 염치없는 사람이라는 평가를 얻을 수도 있다.

평소 인맥관리를 잘하는 사람의 특징은 연락을 꾸준하게 한다는 것이다. 이메일이나 전화통화를 하면서 안부를 묻거나 일상의 소소한 일들에 관해 서로 정보를 나눈다. 협력할 일이 있으면 기꺼이 나서고 어려운 일이 있으면 함께 고민하고 의논한다.

무엇보다 다른 사람 집안의 크고 작은 행사를 잘 챙기는 것이 중요하다. 가족상을 당하거나 가족이 병으로 고통받고 있을 때 문상을 하거나 병문안을 하는 것은 물론 명절이나 크리스마스, 생일을 챙기고 안부를 묻는다. 함께 식사하거나 공연이나 스포츠 관람을 하기도 하고 골프나 등산 등 취미 활동을 함께할 수도 있다. 재미난 기사나 유용한 정보를 주고받는 것도 때로는 친밀감을 더해 준다. 사실 이런 관심에는 노력이 필요하다. 노력한만큼 자신에게 도움이 된다.

네트워킹은 말 그대로 그물을 던지는 것과 같다. 넓은 바다에 그물을 던져 고기를 잡는 것처럼 사람들을 향해 그물을 던지는 것이다. 그물은 진실한 마음으로 던져야 한다. 이익을 위한 선택이나 포섭이 아니라 진심으로 다가가 신뢰를 얻어야 한다. 그물은 가능하면 넓게 던진다. 자신의 배경과 관련된, 이를테면 출신학교나 고향, 혈연, 군대, 이전 직장의 동료 등 그물 안에 들어올 만한 모든 사람들을 대상으로 한다.

구직해야 할 상황이라면 이 중에서 구직에 도움을 줄 만한 사람들이 누구인지 범위를 좁혀 나간다. 부탁을 기꺼이 들어줄 만한 사람인지, 적극 나서지는 않더라도 소개 정도는 해 줄 수 있는 사람인지, 구직과 관련된 정보를 슬쩍 흘려줄 수 있는 사람인지 가려낸다. 여기에 속한 모든 사람들이 구직에 도움을 줄 수 있다.

네트워킹 안에 있는 사람들에게 구직하고 있다는 사실을 먼저 알린다. 그렇다고 이력서나 자기소개서를 함께 건네지는 않는다. 상대가 부담스러워 할 수 있다. 직접 소개를 해 줄 수 있는지, 이력서를 전달해 줄 수 있는 것인지는 상대가 결정하도록 한다. 상대가 자신에 대한 정보를 구체적으로 알고 싶어 하면 자신의 재능이나 경력 등을 담은 자기소개서를 써 보낸다.

추천인은 나의 장점과 경력 등에 대해 잘 알고 있는 사람이어야 한다. 나의 이직이나 성공을 달가워하지 않거나 경쟁심을 느끼는 사람이라면 곤란하다. 친척이나 친구는 우호적이긴 하지만 바람직한 대상은 아니다. 객관적이고 공정하지 못한 추천인이라는 인상을 줄 수도 있기 때문이다. 갓 졸업한 사회 초년생이라면 자신의 능력과 성품을 잘 알고 있는 교수가 추천인으로서 적절하다.

추천인이 될 만한 사람에게 먼저 의견을 물어본 다음 승낙을 얻는 게 좋다. 부탁했는데도 신통찮은 반응을 보이거나 거절하면 미련 없이 다른 추천인을 찾아본다. 추천인으로 승낙했다면 연락처를 어디로 할지 등에 대해서도 물어본다. 추천인에게 연락이 갈 수도 있으므로 연락이 잘 되는 전화번호를 알려주는 게 좋다.

이력서와 자기소개서는 진실해야 한다. 없는 사실을 만들어 내거나 능력을 과장해서도 안 된다. 그것이 당장 취업에는 도움이 될 수 있더라도 입사 후 금방 능력이 드러나게 되거나 진실이 밝혀질 수 있다. 취업을 담당하는 사람들은 대개 시간 순서대로 이력을 나열하고 장점과 능력을 구체적으로 설명해 주는 형태의 이력서와 자기소개서를 선호한다.

이력서는 매우 객관적으로 작성한다. 자신에 관한 정보를 사실대로 정확하게 나열한다. 객관적인 사실 외에 자신을 설명할 수 있는 방법은 없다. 그래서 소위 '스펙'이라는 객관적 이력을 넘어 자신을 보다 효과적으로 호감을 사기 위해 증명사진에 공을 들인다. 같은 스펙이라면 용모를 통해 자신의 가치를 돋보이고 싶어 하는 것은 당연한 것일 수 있다.

성형수술을 통해 인위적으로 자신의 외모를 바꾸는 것이 자연스러운 현상으로 여겨지는 세상이다. 게다가 요즘은 연예인이나 결혼식 당일의 신부처럼 화장을 해주고 전문 사진사의 도움을 받아 증명사진을 찍은 다음 보정까지 한다. 결국, 이렇게 많은 공을 들여 취업용 사진으로 활용한다. 이러한 사진을 찍은 대부분의 사람들은 자신도 놀라게 되는 수정된 증명사진을 보고 만족스러워한다.

기업의 취업 담당자들도 성형수술과 사진 보정을 통한 얼굴 이미지의 변신을 어느 정도는 고려한다. 하지만 사진과 실제 얼굴의 차이가 너무 차이가 나면 오히려 역효과를 낼 수 있다고 말한다. 시대의 흐름을 감안한다 하더라도 실제 모습과 너무 다른 사진은 취업하고자 하는 회사를 상대로 속이려는 행위로 간주한다. 심하게 표현하면 일종의 사기이고 법적으로는 사문서 위조에 해당하는 범법 행위이다. 따라서 지나친 보정은 삼가는 게 좋다.

유명 기업의 인사 담당자는 "단정한 외모에 깔끔한 정장 차림의 증명사진이 모두 획일적으로 보일 수 있지만 그것이 오히려 성실하게 준비하고 노력하고 있다는 생각이 들어 점수를 더 주게 된다"고 말한다. 자연스럽고 밝은 표정이 중요하지 예쁘고 잘 생긴 배우 같은 모습을 원하는 게 아니라는 것이다. 미남 미녀가 아니어도 진실한 표정이 훨씬 호감을 얻는다는 말이다.

자기소개서에서는 자신이 회사를 위해 무엇을 할 수 있는지 잘 설명한다. 자기소개서는 회사가 자신에게 호감을 느끼고 채용하도록 자신을 소개하는 것으로 제품에 비유한다면 제품설명서나 마찬가지다. 따라서 인사 담당자의 시선을 확 잡아끌 만한 문장으로 시작하는 게 좋다. 차분하고 신뢰감이 느껴지는 문장이 좋지만 그렇다고 첫 문장부터 상투적이어서는 곤란하다.

인사 담당자들은 자기소개서 첫 문장만 보아도 그 사람이 어떤 사람인지 감을 잡는다. 신문의 기사나 광고의 카피처럼 첫 문장이 인상에 남도록 한다. 나라는 사람을 채용했을 때 회사는 어떤 점에서 좋을지를 간결하고도 강렬한 문장으로 표현하는 것이다.

자기소개서는 연애편지가 아니라는 점도 명심한다. 사랑하는 사람에게 쓰는 편지는 구구절절 애틋한 마음을 담아 길게 써야 감동을 준다. 하지만 자기소개서는 짧고 간단하면서도 명료하게 자신을 알리는 비즈니스 문서라는 것을 잊지 말자. 한 쪽짜리 제안서가 가장 훌륭한 제안서이듯, 자기소개서 역시 한 쪽짜리가 최상이다. 만약 자세하게 덧붙여 설명해야 할 게 있다면 별도로 첨부한다.

지나친 겸손도 금물이다. '처지가 딱하니 제발 절 좀 뽑아 주세요' 하는 자세로 자기소개서를 쓰면 오히려 역효과를 낸다. 당당하고 자신감 넘치게 그러면서도 겸손하고 신중한 모습을 보이는 것이 좋다.

아무리 경력이 훌륭하고 능력이 출중해도 이력서와 자기소개서의 사소한 오류 때문에 신뢰가 떨어지고 구직에 악영향을 줄 수 있다. 문장이 올바른지, 맞춤법이 틀린 단어는 없는지, 구두점은 제대로 찍었는 지 꼼꼼하게 살펴야 한다. 전문가에게 도움을 구해 오류가 없도록 하면 안전하다. 일단 다 쓴 다음 몇 시간 후나 다음 날 다시 한 번 읽어보는 것도 좋다. 보다 객관적으로 내용을 살펴볼 수 있기 때문이다.

면접은 이력서와 자기소개서에 이어 자신의 진면목을 제대로 보여줄 수 있는 기회다. 면접을 앞두고 스트레스를 받는 것은 자신이 남으로부터 평가받는 시험이라는 생각 때문이다. 하지만 면접이야말로 자신의 능력과 에너지, 잠재력 등 이력서와 자기소개서에서 미처 다 보여주지 못했던 것을 확실하게 증명해 보여 줄 수 있는 절호의 기회라고 생각한다. 누구나 낯선 환경에 들어서면 어색하고 불편한 건 마찬가지다. 다만 누가 얼마나 더 준비하고 다부지게 대응하느냐에 따라 정도가 달라질 뿐이다.

면접을 앞두고 회사에 관한 정보를 꼼꼼하게 챙겨보는 것은 당연하다. 회사의 역사와 주력 사업, 제품에 관한 정보, 인사 시스템 등을 전반적으로 파악하다 보면 면접관이 어떤 질문을 던질지 예상할 수 있다. 자신이 면접관이라면 이런 질문을 할 것이고, 그렇다면 나는 이렇게 대답하는 게 좋겠다는 식으로 나름의 시나리오를 짜 보는 것이다.

자신의 이력서와 자기소개서 내용을 완전히 숙지하고 있어야 한다. 면접관들이 이력서와 자기소개서를 보면서 질문을 던질 수 있기 때문에 그와 관련된 어떤 질문이 나오더라도 대응할 수 있도록 한다. 면접에 앞서 거울 앞에서 연습해 본다.

면접을 보러 가기에 앞서 머리와 손톱 상태를 확인하고 구두와 셔츠, 재킷, 타이의 상태를 미리 점검한다. 면접장소의 위치와 교통수단은 무엇이 좋을지, 시간은 얼마나 걸리는지 꼼꼼하게 체크한다. 여성의 경우 치마를 입었다면 만약을 대비해서 여분의 스타킹은 반드시 챙긴다.

면접을 보러 갈 때 옷차림은 회사의 성격에 따라 달리한다. 보수적인 기업이라면 자신감과 신중함을 동시에 보여 줄 수 있는 정장이 좋겠지만, 패션이나 광고업계 등 창의성과 개성을 중시하는 곳에서는 지나치게 전통적인 복장이 오히려 점수를 잃게 할 수 있다. 남성은 타이, 여성은 향수로 이미지가 과도하게 각인되지 않도록 주의한다.

면접을 앞둔 전날 과음을 하거나 오랫동안 냄새가 남게 되는 음식을 먹지 않도록 하고 담배도 가능하면 자제해 고약한 체취가 나지 않도록 한다. 외투나 핸드백, 우산 등 소지품을 너무 많이 들고 가지 않는다. 소지품을 어디에 둘지 몰라 허둥대는 것도 준비성이 떨어진다는 인상을 준다.

면접에 지각하는 것은 있을 수 없는 일이지만 그렇다고 너무 일찍 가는 것도 실례다. 면접관이나 준비하는 사람들에게 성가신 기분이 들게 할 수 있고 그들을 당황하게 할 수도 있다. 대개 면접 시작 몇 분 전에 도착이라는 안내를 하므로 그에 따르도록 하고 그렇지 않다면 20분 정도 먼저 도착하는 게 좋다. 화장실에 가서 옷매무새를 매만질 정도의 여유는 있어야 하기 때문이다.

자신의 순서를 기다리는 동안 면접을 준비하는 사람들에게도 호감을 잃으면 안 된다. 단순한 심부름을 하는 아랫사람이라고 함부로 대했다가 그들의 한 마디 때문에 낙방할 수도 있다. 그들이 면접실로 안내해 지정된 좌석으로 이끌어 줄 때까지 잘 따르고 고맙다는 인사를 한다.

면접관을 처음 만났을 때 먼저 인사를 건네고, 면접관이 앉으라고 하면 앉는다. 질문에는 또박또박 상대가 잘 알아들을 수 있도록 대답한다. 면접관이 여러 명일 경우 한 사람에게만 시선을 고정하지 않도록 한다.

직장을 옮기려는 경우 현재의 직장이나 전에 다니던 직장에서의 부정적인 면은 말하지 않는다. 회사의 비전이 없다거나 상사가 고약하고 동료들이 무능하다는 등을 이직의 사유로 나열하지 않는다. 대신 새로운 직장에서의 도전 기회에 대한 포부와 기대, 계획 등을 말하는 게 좋다.

요즘은 창의성을 본다며 전혀 예상치 못한 질문을 하기도 한다. 그럴 때는 당황하지 않도록 한다. 질문을 던지는 사람 역시 정답을 원하는 것이 아니다. 주어진 상황에서 어떤 식으로 대응하고 헤쳐나가는지를 보려는 것이다. 따라서 곤혹스러운 표정으로 뒷머리를 긁적이면 안 된다. 질문의 내용과 의도를 잘 알겠다는 표시를 한 다음 자기 생각에 따라 차분하게 말하면 된다.

존경받는
리더에게만 있는
특별한 리더십

사람의 품격과 자질을 인격人格이라 하듯 나라의 수준을 나타내는 국격國格이 있고 기업의 수준을 따질 때는 사격社格을 논한다. 회사의 수준은 사실 그 회사 CEO의 자질과 비례한다. 재능과 자질은 형편없지만, 선대로부터 훌륭한 기업을 물려받아 CEO가 된 경우에는 사격과 CEO의 인격에 절대적 상관관계가 없을 수도 있다. 하지만 대부분은 사격과 CEO의 인격을 따로 떼놓고 말하기 어렵다. 그만큼 CEO의 인격은 중요하다.

CEO가 건전하고 건강한 경영 윤리를 가지고 조직을 다스리면 회사는 물론이고 그 구성원들도 건강한 경쟁력을 가질 수 있다. 하지만 CEO가 반도덕적이고 비윤리적인 태도와 마음가짐으로 경영에 임하면 그 기업의 운명은 보나마나다.

훌륭한 CEO는 기업을 경영하는 것에 대해 건전한 확신을 하고 있다. 기업을 운영하는 것이 이윤추구라는 본연의 목적 외에 도덕적으로 윤리적으로 어긋나지 않는다는 믿음이 있어야 한다. 세계적으로 성공한 기업의 창업주들은 대부분 자신이 추구하는 기업의 가치가 사람들에게 유익하고 그것이 옳다는 확신이 있었다.

성공한 기업의 리더들은 직원을 하인처럼 부리는 것이 아니라 함께 같은 목적을 향해 나아가는 동반자로 여겼고 가족처럼 소중하게 대했다. 존중받은 직원들은 고객들을 존중하였고 존중받은 고객들은 기업에게 호감으로 보답하였다.

격이 높은 CEO들은 직원의 말에 귀 기울일 줄 알았고 자신만의 의견이 옳다며 고집을 부리지도 않았다. 그들의 귀는 항상 열려 있었으며 그들의 방문도 늘 활짝 열려 있었다. 직원이 즐거워야 고객이 즐겁다는 걸 누구보다 잘 알고 있었고 스스로 먼저 나서서 즐길 줄도 알았다. 그들은 냉철한 사업가이자 낭만주의자이면서 휴머니스트였다.

'나는 옳다'는 확신이
성공을 부른다

chapter 01

1970년대 일본은 고도 경제성장기여서 일본 국민들 사이에 외국여행 붐이 일었다. 하지만 비싼 항공료가 문제였다. 당시 일본 유럽 간 왕복 항공권은 70만 엔, 현재 우리 돈으로 1,000만 원 가까이 됐다. 그런데 그 절반 값으로 외국여행을 다녀올 수 있는 획기적인 가격파괴형 항공권이 등장했다.

1980년, 사와다 히데오澤田秀雄라는 스물아홉 살 젊은 청년이 저가 여행사인 H.I.S를 설립하고 반값 외국여행의 꿈을 실현한 것이다. 일본 젊은이들은 열광했다.

사와다 히데오 H.I.S 회장은 고교 졸업 후 독일의 마인츠 대학에서 공부했다. 4년 동안 유학하면서 아르바이트 수입으로 세계 오십여 개 국을 여행했다. 그 경험이 훗날 그를 일본 최고의 저가 항공사 그룹 회장으로 만들었다.

1976년, 유학을 마치고 일본으로 돌아온 그는 항공료가 지나치게 비싸다고 생각했다. 그는 당시 가격의 절반으로 외국 항공권을 살 수 있었다. 그리고 저가 항공권 비즈니스가 반드시 성공할 수 있을 것이라 확신했다. 그의 예상과 믿음은 적중했다.

신주쿠에 책상 두 개, 전화기 한 대를 놓고 여행사를 차렸다. 6개월 간 놀고먹는 날이 대부분이었다. 사람들은 싼 게 비지떡이라며 싼 만큼 문제가 있을 것이라고 의심했다. 하지만 그는 어려운 상황에서도 포기하지 않았다. 대신 책을 읽으며 기다렸다. 그 책은《도쿠가와 이에야스德川家康》였다.

도쿠가와 이에야스는 일본의 천하 통일을 이룬 전쟁영웅이기도 하지만 오늘날 일본의 CEO들이 가장 본받을 만한 인물로 꼽는 경영의 달인이기도 하다. 부하 직원으로 삼고 싶은 인물로도 으뜸이다. 천하 통일의 세 영웅 중, 오다 노부나가는 "울지 않는 새는 죽여 버린다"고 하였고, 도요토미 히데요시는 "울지 않는 새는 울게 만든다"고 했다. 성질이 급하고 괴팍한 오다 노부나가, 꾀가 많은 도요토미 히데요시다. 이에 비해 도쿠가와 이에야스는 기다릴 줄 아는 인물이었다. "울지 않는 새는 울 때까지 기다린다"라고 한 게 바로 그다. 그는 "인생은 무거운 짐을 지고 먼 길을 가는 것과 같으니 서두르거나 초조해하지 마라"고도 했다. "계속하면 실력이 되니 돌 위에라도 3년은 앉아 있어 보라"고도 했다.

젊은 사와다 히데오 사장은 도쿠가와 이에야스의 말을 믿고 기다렸다. 과연 6개월이 지나자 손님들이 모여들기 시작했다. 그는 절반 가격의 항공권과 함께 알짜 외국여행 정보를 제공했다. 일본인 외국 배낭여행족 사이에 입소문이 나기 시작하면서 회사 설립 다음 해인 1981년 3억 엔, 1989년 164억 엔의 매출을 올렸다. H.I.S는 이후 승승장구, 현재 일본 3대 여행사 중의 하나로 자리 잡았다.

사와다 히데오 회장은 1996년, 일본 최초의 저가 항공사인 스카이마크를 세웠다. 기존의 여행사와 항공사들이 거세게 비난했다. 그를 음해하고 공격했다. 하지만 그는 굴하지 않았다. '우리가 하는 일은 옳다'는 신념이 그를 지켜주었다. 높은 품질의 서비스를 싸게 제공하는 것은 옳은 일이며, 옳은 일은 반드시 인정받을 수 있다고 믿은 것이다. 직원들에게도 확신을 심어주었다. 고객이 만족하면 된다, 속이지 않고 이상한 짓 하지 않고, 고객을 위해 열심히 일하면 된다고 역설했다.

옳은 일에 대한 신념은 직원에게도 적용했다. 직원들에게 '하고자 하는 의욕', 즉 야루키遣る氣를 살려주기 위해 노력한 것이다. 월급은 연공서열이 아니라 판매실적에 연동하도록 했다. 고객 관리를 잘하는 사람이 월급도 많이 받도록 한 것이다. 이 때문에 사무실에 전화가 오면 서로 받으려고 할 정도였다. 직원들은 흑자가 나면 보너스가 더 나온다는 걸 알기에 더 열심히 일했다. 그는 현장에 파견 나가 있는 직원에

게는 전화나 팩스로 격려의 메시지를 전했다.

2010년, 규슈 나가사키 현에 있는 테마파크인 하우스 텐 보스의 사장으로 부임했다. 하우스 텐 보스는 2천300억 엔을 들여 네덜란드 등 유럽의 거리 풍경을 미니어처로 재현하면서 화제를 모았지만, 적자에 허덕이고 있었다. 규슈 시와 경제계가 나서 정상화를 시도했지만 모두 실패했다. 아무도 경영을 맡으려 하지 않았다. 이때 사와다 히데오 사장이 나섰다. 업계의 강한 권유도 있었지만, 그 역시 해 보고 싶은 의욕이 있었던 것이다.

그는 하우스 텐 보스 사장 취임 후 100만 송이 장미 전시 등 고객들의 호기심을 끌 만한 이벤트들을 벌였다. 성공적이었다. 고객수가 늘기 시작했다. 그 전에 월 평균 13만 명 정도였던 관람객이 20만 명을 넘어섰다. 그가 경영을 맡은 지 겨우 1년 만에 흑자로 돌아섰다.

'아무리 상황이 좋지 않아도 고객이 감동할 수 있는 일본 제일의 것을 만들면 된다. 그것이 옳은 일이다'라는 그의 신념이 성공의 원천이었다.

사와다 히데오 회장은 손 마사요시孫正義 소프트뱅크 회장, 난부 야스유키南部靖之 파소나 그룹 회장과 함께 일본 벤처기업 3대 천왕으로 불린다. 사와다 히데오 회장은 성공 비결에 대해 "옳은 일에 대한 믿음이었다. 간절하게 원하고, 하려고 하는 마음이 있어야 하며, 무엇보다 하고자 하는 일에 대해 옳다고 생각하는 마음이 있어야 비로소 성공하게 된다"라고 말한다.

세계 최대 여행 가방 회사인 샘소나이트Samsonite의 팀 파커Tim Parker 회장은 기업 부활의 마술사, 턴어라운드Turnaround의 귀재라 불린다. 세계적인 캐주얼 신발 브랜드인 클락스Clarks와 유럽 최대의 타이어 유통 체인 퀵핏Kwik-Fit, 영국자동차협회 등의 경영을 맡아 쓰러져 가던 이들 기업들을 되살려 놓았다. 2009년에는 샘소나이트의 회장 겸 CEO로 다시 돌아왔다. 부활의 손이 과연 이번에도 통할지 세계가 그를 주목했다. 미국발 금융위기로 당시 샘소나이트는 경영 위기에 처해 있었기 때문이다.

그는 취임 2년 만에 샘소나이트를 기사회생시켰다. 세계 경제가 여전히 기진맥진하고 있었지만, 샘소나이트는 2011년, 15억 6천500만 달러의 매출을 올렸다. 전년 대비 30퍼센트 늘어난 실적이었다.

그가 짧은 기간에 그 같은 성공을 이뤄낼 수 있었던 것은 과감한 비용절감 덕분이었다. 한 손으로 직원을 대대적으로 감원하고 한 손으로는 새로운 분야에 투자한 것이다. 외국 지사를 폐지하고 직원들의 수를 감원하여 고정비용을 대폭 줄였다. 대신 마케팅 비용은 두 배 늘렸다.

혹독한 구조조정으로 그는 어둠의 왕자라는 별명을 얻었다. 그가 구조조정을 벌였던 어느 회사 노조가 붙여준 것이다. 하지만 그는 그것에 신경쓰지 않는다고 했다. 구조조정은 비용절감을 통해 기업의 몸집을 가볍게 하고 그것을 기반으로 성장하기 위한 것이라는 믿음 때문이었다.

그는 CEO의 덕목에 대해 변하지 않는 믿음이 있다. 바로 진실성이다. 기업 경영을 하다 보면 직원들과 생각이 다를 수 있다. 그럴 때 경영자가 직원들이 듣고 싶은 말을 할 수만은 없다. 거짓말을 할 수 없다는 것이다. 경영자가 거짓말을 하는 순간, 서로 간의 신뢰가 무너진다. 때문에 'CEO는 정직해야 한다. 그리고 책임져야 한다'고 그는 믿었다.

경영자의 정직성은 바로 직원들에게 옳은 일을 한다는 신념을 심어주는 것이라고 그는 강조한다. 비용절감을 위해 구조조정은 피할 수 없으며, 그것 없이는 기업의 성장은 기대할 수 없다는 믿음을 주어야 한다는 것이다.

이 과정에서 경영자는 팀워크를 잃지 않도록 해야 한다. 농구에서는 개인기가 뛰어난 한 선수가 팀 분위기를 바꾸고 승패를 가르기도 하지만, 기업에서는 그렇지 않다. 팀워크 없이는 기업이 성장할 수 없다. 그래서 팀워크를 깨트리지 않도록 노력해야 하며, 팀워크를 잘 유지하고 경영자와 직원 모두 기업의 미래와 성장을 위해 옳은 일을 한다는 신념을 공유해야 한다.

사와다 히데오 H.I.S 회장과 팀 파커 샘소나이트 회장, 그들을 성공으로 이끈 공통의 가치는 바로 '옳은 일에 대한 확신'이었다. 그 확신이 직원과 고객의 호감을 불러왔고, 그것은 성공의 원동력이 되었다.

직원은
또 하나의 가족이다

chapter 02

일본 후쿠이 현은 100여 년 전만 해도 가난한 농촌 지역이었다. 겨울이면 당장 먹을 것이 부족한 형편이었다. 학교 교사였던 마스나가 고자에몽松中衛門은 가난 때문에 아무런 꿈도 가질 수 없는 어린아이들을 보며 주먹을 쥐었다. 이 아이들에게 꿈을 심어주고 가난한 후쿠이 현의 미래를 풍요롭게 만들어 주겠다고 다짐한 것이다. 그는 자신의 땅을 판 돈으로 도쿄나 오사카에 있는 안경 기술자를 데려와 아이들에게 안경 만드는 기술을 가르쳤다. 아이들은 낮에는 안경을 만들고 밤에는 공부했다. 그렇게 세월이 흘러 후쿠이 현은 일본 최고의 안경 산업 단지이자 세계 3대 안경 생산지가 되었다.

일본 안경의 메카인 후쿠이 현 사바에 있는 안경프레임 제조기업 마스나가松中의 이야기다. 마스나가 고자에몽은 마스나가의 창업자다. 마스나가는 지금도 창업자의 뜻을 이어받아, 독립하겠다는 직원이 있으면 적극 지원해 준다. 마스나가에서 독립한 안경 업체가 열네 개나 된다. 안경 업체가 더 많아지고 더 많은 사람들이 안경 산업에 열정을 쏟아야 지역이 살아난다는 믿음은 변함이 없다.

세계적으로 100년 이상의 오랜 전통을 이어온 명문 기업들의 공통점은 직원을 가족처럼 대한다는 것이다. 직원을 노동력을 대가로 임금을 지급하는 거래 대상이 아니라 운명을 함께하는 가족으로 대한다. 앞서 살펴본 독일의 미니어처 명가 노흐의 경우 정년이 아예 없다. 자신의 의지만 있다면 나이에 상관없이 얼마든지 일할 수 있다. 덕분에 대를 이어 노흐의 역사를 함께 만들어 가고 있다. 알코올 중독이나 도벽 경험이 있는 직원도 자신이 원하면 다시 일할 기회를 준다. 노흐의 직원들은 회사를 자신의 집이라 여기고, 회사는 직원을 가족으로 생각한다. 백 년 기업의 힘이 여기서 나오는 것이다.

스코틀랜드 전통 의상 킬트Kilt 제조 기업인 킨 록 앤더슨Kinloch Anderson은 140여 년의 전통을 자랑한다. 6대째 가족 경영 체제를 이뤄 오고 있는 이 의류 명가의 경쟁력은 직원도 가족이라는 경영 철학이다. 이곳 직원들은 한 번 들어오면 적어도 30년 넘게 일한다. 경영진은 직원 가족 행사가 있으면 반드시 직원들과 함께한다. 허물없이 어울리고 서로 챙긴다. 경영진과 직원 간의 믿음과 애정, 이것이 킨 록 앤더슨의 힘이다.

만두 종주국 중국에는 150년 넘는 전통을 자랑하는 만두 명가 꺼우 부리狗不理包子가 있다. 텐진에 있는 이 가게의 만두를 가리켜 후진타오 주석은 '중국이 추구하는 모든 기술이 다 들어 있다'고 극찬했다. 텐진에 가면 반드시 먹어 봐야 할 음식으로 손꼽는다. 열여덟 개의 주름과 37.5그램의 무게를 지켜야 하는 꺼 우 부리 만두야말로 중국 만두의 자존심이다.

꺼 우 부리 만두가 맛과 자존심을 지켜나갈 수 있는 원동력은 직원 경영이다. 중국의 다른 기업들과 달리 이곳에선 인재의 가치를 누구보다 먼저 알고 인재를 키우는데 노력을 기울이고 있다. 인턴과정을 거쳐 정식사원이 되면 5대 보험에 자동 가입되고, 외국 연수와 다양한 인재 교육 프로그램에 참여한다. 무엇보다 누구에게나 성공의 가능성을 열어 준다. 말단 직원도 열심히 하면 점장이나 당서기가 될 수 있다. 따라서 4천 명이 넘는 꺼 우 부리 직원들은 의욕이 넘친다.

'고객을 왕처럼 대하라'는 말이 있다. 이때의 고객은 제품이나 서비스를 구매하는 사람을 말한다. 하지만 내부고객인 직원을 왕처럼 대하는 기업이 있다. 2003년, 미국 CBS의 유명 시사 프로그램인 〈60분60 Minutes〉은 SAS인스티튜트SAS Institute를, 직원을 왕처럼 대접하는 회사라고 소개했다.

SAS인스티튜트는 복잡한 통계 자료를 쉽게 처리할 수 있는 컴퓨터

통계 소프트웨어를 개발하는 회사다. 1976년, 설립된 이 회사는 2010, 2011년 〈포춘Fortune〉에서 선정한 '미국 최고의 직장 100곳' 중 연속 1위를 차지했다.

세계 최대 비상장 소프트웨어업체인 SAS인스티튜트가 직원들의 천국으로 자리매김할 수 있었던 것은 창립자이자 CEO인 짐 굿나이트 Jim Goodnight의 독특한 경영철학 덕분이다.

"행복한 소들이 더 많은 우유를 만든다Contented cows give more milk."

행복한 소들이란 바로 직원들이다. 짐 굿나이트 회장은 GE제너럴 일렉트릭에서 근무한 적이 있다. 그는 GE의 엄격한 위계질서와 상의하달식 조직문화에 거부감을 느꼈다. 자유롭고 창의적인 의사결정과 근무 환경이 조성되지 않는 조직은 한계에 부딪힐 수밖에 없다고 생각했다.

그는 SAS인스티튜트를 설립하면서 두 가지 원칙을 세웠다. 첫 번째는 소비자가 원하는 소프트웨어를 만드는 것이었고, 두 번째는 직원들이 주인의식을 가지고 자유롭게 일할 수 있는 직장을 만들겠다는 것이었다.

그는 모든 직원에게 개인 사무실을 제공하였다. 누구에게도 간섭받지 않고 자신만의 공간에서 자유롭게 일할 수 있게 한 것이다. 일주일에 35시간 이상 근무하지 않도록 하였고 출·퇴근 시간도 자유롭게 조정할 수 있게 했다. 병가를 내고 싶으면 누구의 허락을 받지 않아도 되도록 했다.

야근과 잔업이 없고 해고와 정년도 없다. 오후 5시가 되면 퇴근한다. 5시면 모든 전화기가 자동응답으로 전환된다. 아무리 세찬 감원 바람이 불어도 이 회사만은 끄떡없다. 또한, 정년이 없기 때문에 머리가 희끗희끗한 직원들도 수두룩하다. 정원사나 이발사 등 지원 인력들도 모두 정규 직원으로 고용한다.

SAS인스티튜트는 4천여 명의 직원이 근무하는 사옥을 캠퍼스라 부른다. 500명의 아이들을 동시에 돌볼 수 있는 유아원이 두 군데나 있고, 근무 시간 중에라도 필요하면 언제든지 달려갈 수 있다. 점심시간은 물론 저녁 시간에도 아이들과 함께 식사할 수도 있다.

나이트 회장은 SAS인스티튜트 설립 당시 두 아이의 아버지였다. 나머지 2명의 공동 창업자들에게도 자녀들이 있었다. 그들은 아이들이 필요할 때는 언제든지 부모가 곁에 있어 주어야 한다고 생각했다. 회사 일 못지않게 가족 역시 중요하다는 것이다.

직원들은 최고 의료진을 갖춘 회사 내 병원에서 무료로 건강검진을 받을 수 있다. 가족들도 마찬가지다. 주치의를 선택할 수 있고, 외부 의사에게 진료받아도 된다. 직원과 가족 모두에게 24시간 개방된다. 이로 인해 이 회사 직원들은 연간 30만 달러의 건강보험 관련 비용을 절감할 수 있게 됐고, 자신과 가족의 질병으로 말미암은 고통과 시간을 줄일 수 있게 됐다.

캠퍼스 각 층에는 초콜릿 등 스낵을 무료로 먹을 수 있는 스낵바와 휴게실이 있어 언제든 휴식을 취하고 긴장을 풀 수 있다. 미용실과 네일숍도 예약 없이 언제든 이용할 수 있다. 식당에서는 라이브 음악을 들으며 식사할 수 있고, 수영장과 농구 코트, 라켓볼 코트 등이 있어 언제든 운동할 수 있다.

'일과 삶의 균형 프로그램'은 직원들의 업무를 방해하는 요인들을 제거해 주는 최적의 아이디어다. 세금 세미나, 신생아 출산 세미나, 노인 가족 돌보기 세미나 등을 통해 고민을 해결하고 일에 전념할 수 있도록 도와준다.

굿나이트 회장은 "내가 대접받고 싶은 만큼 직원들에게 해 주고 싶었다"고 말한다. 그는 또 "어른을 어른으로 대접해 주면 된다"는 말도 한다. 직원들은 쉬고 싶은 만큼 쉬는 대신, 최선을 다해 일하는 판단력과 자제력, 도덕적 양심이 갖춰진 인격체라는 걸 인정한다. 회사의 이윤을 세금으로 내는 것보다는 직원들에게 복지 혜택으로 나누어 주고 싶다는 현실적인 소망을 밝히기도 했다.

SAS인스티튜트의 직원 이직률은 5퍼센트를 넘지 않는다. 다른 IT업체의 평균 20퍼센트에 비해 훨씬 낮다. 이마저도 대개는 배우자의 직장이나 이사 등 불가피한 경우 때문에 어쩔 수 없이 발생하는 것이다. "회사가 직원을 만족하게 하면 직원은 고객을 만족하게 한다"라고 짐 나이트 회장은 말한다.

고객의 호감을 얻기 위해선 직원의 호감을 먼저 얻으라는 것이 짐 나이트 회장의 철학이다.

1993년, IBM은 50억 달러에 가까운 적자에 시달리고 있었다. 구원투수로 루이스 루거스너Louis V. Gerstner 회장이 투입됐다. 그는 부임하자마자 충격에 빠졌다. IBM의 영업파트들이 서로 헐뜯으며 싸우는 모습을 본 것이다. 자기 영업파트의 제품을 팔기 위해 다른 파트 멤버들을 공격하고 비난하기에 여념이 없었다. 직원들은 각 영업파트의 성과에 따라 성과급을 차별 받고 있었기 때문이다.

루거스너 회장은 성과급 제도를 크게 개선했다. 각 파트별 성과급을 절반 이상으로 줄이는 대신 그룹 전체의 성과에 따른 보너스를 지급하기로 한 것이다. 결과는 놀라웠다. 불과 2년 만에 30억 달러의 흑자를 냈다. 이 같은 결과는 직원 간의 경쟁이 사라진 대신 협력과 동반자 관계가 형성된 덕분이었다.

조직원들 사이에 경쟁심만 불타오른다면 그 조직의 장래는 밝을 수 없다. 외부의 적과 맞서 싸워야 할 내부 구성원들이 적대감으로 서로 다투면 결코 조직이 원하는 목표를 이룰 수 없기 때문이다. 최고의 상황은 내부의 구성원들이 협력 관계를 구축하고 공동의 목표를 향해 함께 나아가는 것이다.

물론 경쟁이 반드시 나쁜 것만은 아니다. 조직의 목표와 개인의 목표가 일치하고 그래서 개인 간, 팀 간 선의의 경쟁을 벌이는 것은 고무적이다. 하지만 한쪽의 성취가 다른 한쪽의 손실로 이어지는, 제로섬 게임이 되어버리면 문제가 생긴다. 경쟁은 동기부여를 위한 방편이 될 수 있다. 하지만 그렇다고 승자와 패자가 명백하게 나뉘고 그래서 패자가 쓰라린 상실감에 빠지게 되면 조직은 활력을 잃고 서로에 대한 적개심과 경쟁심으로 조직의 목표를 잃어버리게 된다.

경쟁과 협력은 그래서 적절하고도 합리적으로 균형을 이루어야 한다. 팀과 팀 사이, 개인과 개인의 경쟁은 조직의 큰 틀 안에서 시스템화해 없애야 한다. 모든 팀과 개인이 하나의 목표를 설정하고 서로를 동반자, 협력자 혹은 친구로 인식하고 협력하게 해야 한다.

각기 다른 목표와 가치관 때문에 반목하고 갈등하던 구성원들이 힘을 합쳐 외부의 공동 적을 물리치는 이야기는 드라마나 영화의 흔한 스토리 중 하나다. 실제로도 그런 예는 역사적으로 무수히 많다. 도요토미 히데요시 역시 난립한 다이묘들의 막강한 군사력을 외부로 방출시킴으로써 정국의 안정을 꾀하기 위해 임진왜란을 일으켰다는 설이 설득력이 있는 것도 바로 그 때문이다.

구성원들이 협력하게 되면 필연적으로 집단 내에서 서로에 대한 호감이 높아지게 되고 결국 조직의 성취도도 향상될 수 있다. 현명한 리더라면 조직원들이 갈등하고 경쟁하는 구조가 아닌 서로 협력할 수 있는 구조를 만들어 주어야 한다. 조직원 간의 호감을 높이기 위해서는 개인적인 차원이 아니라 구조적인 차원에서 접근하는 것이 바람직하기 때문이다.

직원이 행복하면
고객도 행복하다

c
h
a
p
t
e
r

0
3

천 년의 커피 역사를 뒤집는 성공신화, 또는 커피를 갈아 금으로 만드는 기업으로 불리는 곳이 있다. 바로 스타벅스이다. 스타벅스의 CEO인 하워드 슐츠Howard Schultz는 뉴욕 빈민가에서 가난한 트럭 기사 집안의 삼 남매 중 맏이로 태어났다. 아버지는 자신이 하는 일에 눈곱만큼의 긍지도 없었다. 그런 아버지마저 폐암으로 세상을 떠나자 집안 형편은 더욱 어려워졌다. 그러나 어머니는 훌륭한 인물들에 관한 이야기를 들려주며 아이들에게 용기를 불어넣었다. 자신의 직업에 대한 긍지와 자부심이 없었던 아버지, 가난하지만 어려운 사람들을 위해 살아야한다고 가르친 어머니의 영향으로 그는 나중에 커서 성공하면 반드시 사람들을 먼저 생각하는 인물이 되어야겠다고 다짐했다.

하워드 슐츠는 노먼 미시간 대학에 미식축구 장학생으로 입학하면서 뉴욕 빈민가를 벗어났다. 대학 졸업 후에는 대기업 부사장으로 일하기도 했지만 스타벅스에 합류, 매니저로 근무하기 시작했다. 그리고 3년 후, 사람들이 커피와 더불어 편하게 토론하고 재즈를 들으며 쉴 수 있는 오아시스 같은 카페를 만들겠다는 꿈을 안고 스타벅스를 나와 일 지오날레^{Il Giornale}라는 회사를 창업했다. 2백 번이 넘는 투자설명회를 통해 겨우 투자금을 마련했고 1987년, 당시 구멍가게 수준을 벗어나지 못했던 스타벅스를 인수하였다.

그는 어릴 적 소망대로 사람을 가장 우선으로 생각하는 경영자가 되었다. 그는 직원들을 모두 파트너로 불렀고, 파트타임 직원을 포함한 모든 직원들에게 의료보험 혜택을 주었다. 인턴과정을 거쳐 6개월이 지나면 원두주식^{Bean Stock}이라는 스톡옵션을 제공했다.

"내가 처음 파트너들과 회사 발전전략을 논의할 때 약속한 것은 성장이나 이익을 뛰어넘는 위대한 회사를 만들자는 것이었다. 인간 정신을 존중하고 사람을 소중하게 여기는 게 우리가 말하는 위대한 회사다. 어린 시절의 나처럼 불행하게 사는 사람을 돌보자는 취지에서 우리는 스타벅스를 일궈나갔다. 우리가 벌어들인 수익은 함께 나눈다."

하워드 슐츠가 추구하는 스타벅스의 이념은 단지 커피를 파는 것이 아니다. 세계 최고의 원두커피만을 쓴다는 원칙을 세워두고 추출한 지 1시간이 지난 커피는 무조건 버린다. 그보다 더 중요한 것은 편안하고 마음을 안정시키는 공간과 문화, 그리고 경험을 파는 새로운 가치를 제공하는 것이다. 최고급 원두커피와 편안한 휴식과 여유, 문화와 사회적 교류가 어우러진 곳이라는 사실이 입에서 입으로 번져나갔고 마침내 스타벅스는 단 한 번의 브랜드 광고 없이 세계 최고의 카페 브랜드로 자리 잡았다.

스타벅스의 성공신화는 바리스타는 물론이고, 커피를 나르고 청소를 하는 모든 직원에 대한 아낌없는 투자와 배려 덕분이다. 직원들에게 열정과 동기를 부여하면, 그들은 스스로 더 많은 일들을 할 수 있다고 믿는다. 그리고 다음과 같이 말했다.

"스타벅스의 최고 순위는 파트너들이다. 그다음이 고객이다. 파트너들이 행복하면 고객들도 행복하다. 파트너들이 고객을 잘 대하면 고객은 다시 찾아올 것이고 이것이 사업 수익의 진정한 원천이다."

1990년대 중반 어느 날, 텍사스의 한 스타벅스 점포 관리자가 강도에게 살해됐다는 소식이 날아들었다. 슐츠 회장은 모든 일정을 취소하고 그날 밤 바로 전세 비행기를 타고 사고 현장으로 날아갔다. 그는 며칠간 현장에 머무르며 상주를 대신하는 한편, 기금을 마련하고 사고가 난 지점을 매각한 돈을 유족들에게 헌납했다.

또한, 그는 직원들에게 자신의 의견을 말할 기회를 주기 위해 노력한다. 수시로 전 직원들에게 이메일로 자신의 메시지를 전달하고 회의에는 가능하면 많은 직원들이 참석해 자신들의 의견을 피력할 수 있게 한다. 분기마다 공개포럼을 열어 경영 성과와 앞으로의 전략 등에 대해 자세하게 설명하고 이해시킨다.

그는 매일 다른 직원들과 점심을 먹는 것으로도 유명하다. 직원들의 다양한 의견을 듣기 위한 나름의 전략이다. 직원들에 대한 이러한 열린 마음과 태도는 직원들에게 깊은 신뢰를 심어주고 그것이 결국 회사의 발전으로 이어진다.

슐츠 회장은 "재능 있는 직원들이 회사와 더불어 발전하는 모습을 지켜보는 것이야말로 최고의 기쁨입니다. 파트너들은 제 덕분에 부자가 됐다고 하는데, 저야말로 그들 덕분에 부자가 되었습니다. 감사해야 할 사람은 파트너들이 아니고 바로 접니다"라고 말한다.

세계 3대 화장품 회사 중 하나인 메리케이Marykay는 각 지점의 우수 방문판매원들이 본사를 방문하면 영화제를 방불케 하는 진풍경이 연출된다. 캐딜락 자동차를 준비하는 것은 기본이고 스타들이나 밟는 레드카펫을 깔아 직원들을 맞이한다. 직원들이 외국 출장을 가게 되면 일등석 좌석을 이용하도록 한다.

'자신이 대접받고 싶은 대로 다른 사람들을 대접하라'는 것이 이 회사의 경영 원칙이다. 직원 모두가 대접받고 싶은 대로 대접받고 대신 직원들은 고객들에게 자신이 대접받은 것 이상으로 대접하게 된다.

세계적인 호텔 체인 메리어트 호텔 회장이었던 메리어트 주니어J.W. Marriott Jr는 호텔 업계의 신화 같은 존재이다. 그는 워싱턴 DC 북쪽의 베데스다에 있는 부친의 맥주 가게를 이어받아 운영하다 호텔 체인점 사업에 뛰어들었다. 직원들과의 격의 없는 소통으로 유명한 그는 메리어트 인터내셔널을 전 세계 3천6백여 개 가맹점에 12만 9천 명에 가까운 직원이 일하는 최고의 호텔 체인으로 키워냈다.

그가 2011년, 39년간의 CEO 자리를 내주고 은퇴하자 〈워싱턴포스트Washingtonpost〉 등 미국 주요 언론은 '직원을 보살피면 직원은 손님을 보살피고, 그 손님은 호텔을 다시 찾는다'는 그의 경영 철학을 소개하기도 했다.

그는 철저하게 직원들의 눈높이에 맞춰 대화하고 직원들의 말에 귀를 기울였다. 회의할 때도 자신의 의견을 일방적으로 전달하거나 명령하지 않았다. 대신 회의에 참석한 모든 사람들의 의견을 들으려 노력했다. 모두 "좋다"고 하고 단, 1명만이라도 "아니다" 하더라도 그의 의견을 존중했다. 직원들을 공정하게 대했고 어렵고 힘든 일을 하는 직원에게 더 많은 승진기회를 보장했다.

디즈니랜드 입구에는 "고객은 직원이 고객의 입장이 되었을 때 기대하는 것과 같은 대우를 받을 권리가 있다"라는 글이 새겨져 있다. 이 말은 역으로 직원 역시 회사의 고객으로서 대우를 받을 권리가 있다는 의미다.

1997년, 미국의 한 일간지 한 면 전체에 '브라보 줄루Bravo Zulu'라는 이색적인 광고가 등장했다. 이는 미 해군에서 전투를 성공적으로 수행했다는 의미로 쓰는 말이다. 이 낯선 용어가 신문 광고에 등장한 것은 미국의 물류 배송 회사인 페덱스FedEx가 직원들에게 감사하다는 뜻을 전하기 위한 것이었다.

당시 세계 최대 물류 회사인 미국의 UPS는 직원들의 파업으로 정상 영업을 할 수 없었다. 반대로 강력한 경쟁 상대였던 페덱스는 직원들이 밤을 새워가며 열심히 일했다. 덕분에 UPS가 담당했던 배송 물량이 페덱스로 몰려들었다. 결국, 90년 역사를 자랑하던 UPS가 창업 26년에 불과했던 페덱스에게 세계 최고 특송 기업의 자리를 내주고 말았다.

페덱스는 역사적인 순간을 자축하면서 그 고마움을 직원들에게 전하기 위해 신문 광고를 낸 것이었다.

페덱스가 세계 최고의 특송 기업으로 자리 잡은 결정적인 요인은 바로 직원을 가족처럼 대하는 것이었다. 페덱스에는 유리천장Glass Ceiling이 없는 것으로 유명하다. 이는 상·하 구별 없이 누구나 차별받지 않고 동등한 기회를 가질 수 있음을 의미한다. 연봉과 교육, 승진에 있어 어떤 차별도 존재하지 않는다.

마이클 더커Michael L. Ducker는 페덱스에 말단 직원으로 들어와 대표까지 오른 인물이다. 그는 스물두 살에 불과하던 1975년, 당시 생겨난 지 겨우 4년밖에 되지 않은 페덱스에 화물을 나르는 일꾼으로 입사했다. 시간당 2달러 81센트를 받는 최하위직 직원이었지만 그는 거기서 멈추지 않았다. 그는 회사의 지원으로 대학원까지 졸업했고 마침내 대표 자리에 올랐다.

페덱스의 직원들은 페덱스만큼 신 나는 직장도 없을 것이라고 말한다. 밤을 새워 일하는 곳인 만큼 결코 편하다고 할 수 없다. 그럼에도 직원들이 즐거운 표정으로 일하는 것은 모든 직원들이 공평하게 대우하기 때문이다. 학력과 나이, 성별, 피부색 등과 상관없이 누구나 재능을 발휘하고 성장할 기회를 가질 수 있다. 어떤 배경을 가지고 있든 열심히만 하면 지원을 아끼지 않는다. 미국 멤피스 본사뿐 아니라 세계 28만 명의 직원 모두 똑같은 기회를 누린다.

페덱스를 상징하는 단어는 밤샘Overnight이다. 하룻밤 새에 모든 배송 물량을 처리하는 시스템을 구축, 세계에서 가장 빠른 배송 속도를 자랑하기 때문이다. 그래서 페덱스 직원들의 작업도 대부분 한밤중에 이뤄진다. 모든 여객기들이 이착륙을 멈춘 자정 가까이 되면 화물기가 움직일 준비를 한다. 이때 직원들은 컨베이어를 통해 움직이는 물건들을 분류하고 싣는 작업을 숨 가쁘게 진행한다. 잠시 숨 돌릴 틈도 없이 바쁘게 진행되는 작업이지만 누구 하나 인상을 쓰거나 짜증 내지 않는다. 매일 얼굴을 맞대는 직원들끼리도 눈이 마주칠 때마다 인사를 나누고 안부를 묻는다. 바쁜 가운데서도 여유와 웃음을 잃지 않는다. 그들 말대로 그들은 신 나는 직장에서 일하기 때문에 행복한 것이다.

페덱스의 직원 사랑은 구호에 그치지 않는다. 엄격한 시스템으로 직원들의 권리를 보호하고 사기를 높인다. 대표적인 것이 GFTGuaranteed Fair Treatment라는 독특한 제도다. 상사의 지시나 평가가 정당하지 않다고 여겨지면 누구나 회사에 심의를 요구할 수 있다. 근무 중에 공정하지 못한 대우를 받았거나 지시가 옳지 않다고 판단되면 회사에 조사를 요청하고 심의를 받을 수 있다.

그 뿐만이 아니다. 부하 직원들은 상사들을 평가할 권리를 가진다. 매년 직원들에게 SFA Survey, Feedback, Action이라는 설문조사를 실시하고 이를 통해 모든 직원들이 자신의 상사에 대해 평가할 기회를 갖는다. 이 결과는 인사 고과에 고스란히 반영되어 연봉과 승진에 영향을 미친다.

페덱스는 노블레스 오블리주Noblesse Oblige 전통이 아주 강하다. 성과는 함께 나누지만, 고통은 위에서 먼저 짊어진다는 원칙을 철저히 지켜나간다. 2008년, 리먼 사태로 영업 이익이 20억 달러에서 7억 달러로 떨어졌을 때 창업자인 프레더릭 스미스Frederick W. Smith 회장은 20퍼센트, 더커 대표는 10퍼센트, 부장과 차장급은 5퍼센트씩 연봉이 삭감되었다. 하지만 평직원들의 연봉은 1달러도 깎이지 않았다. 회사가 어려우면 사원이나 아르바이트생부터 해고하는 기업들과는 정반대의 모습이다.

이는 상사나 오너의 부당한 지시나 공정치 못한 평가에도 아무 소리 하지 못하고 분을 삼켜야 하는 우리나라 기업에서는 상상하기 어려운 일이다. 상사에 대한 부하 직원들의 평가를 시도하는 기업들이 있긴 하지만 페덱스처럼 자유롭고 공정한 분위기에서 그것이 이뤄지려면 아직 멀었다.

'회사가 직원을 배려하면, 직원은 서비스의 질을 높이고 그러면 이익은 저절로 생긴다'는 것이 바로 페덱스의 철학이다.

착하고 따뜻한
카리스마가 이긴다

chapter 04

조직과 개인의 목표가 일치할 때 최상의 결과를 얻을 수 있다. 리더와 부하 직원의 관계도 마찬가지다. 리더와 부하 직원이 같은 방향으로 목표를 설정하고 협력할 때 최고의 성과를 낼 수 있다. 부하 직원을 관리 감독하거나 통제하고 견제하는 대상이 아니라 함께 목표를 향해 나아가는 동반자라고 여겨야 한다. 리더의 지시에 절대복종하는 수동적 태도가 아닌 자유롭게 의견을 나눌 수 있는 수평적 관계를 만들어야 진정한 신뢰관계를 만들어낼 수 있다.

2010년 12월, 밴쿠버 동계 올림픽은 우리나라의 빙상 역사를 새로 쓴 최고의 대회였다. 우리나라는 스피드 스케이팅에서 금메달 세 개와 은메달 두 개를 따냈다. 스피드 스케이팅은 1992년, 알베르빌 동계올림픽 남자 1천 미터에서 김윤만이 은메달을, 2006년, 토리노 동계 올림픽에서 이강석이 남자 5백 미터에서 동메달을 따낸 것이 전부였다. 또 역대 동계 올림픽 사상 처음으로 쇼트트랙_{금메달 두 개, 은메달 두 개, 동메달 두 개}을 능가했다.

우리나라 빙상의 역사가 새로 시작된 이 대회에는 김관규 감독이라는 훌륭한 리더가 있었다. 스피드 스케이팅의 히딩크라는 별명을 얻은 김 감독의 선수 지도 비결은 바로 '동업자 정신'이었다. 선수와 지도자가 동반자라는 생각으로 함께 즐기면서 목표를 향해 나아간 것이다.

"훈련하면서 선수들에게 몽둥이를 들이대는 것은 이제 더는 통하지 않습니다. 대신 같은 배를 탄 공동운명체 혹은 동업자라는 생각을 하고 함께 목표를 향해 달려나가야 합니다."

김 감독은 2004년, 처음 대표 팀 코치로 부임했을 때만 해도 일반적인 엄격한 지도자 스타일이었다. 그러나 곧 마음을 고쳐먹었다. 자유분방하고 개성이 강한 요즘 선수들을 예전의 스타일로 통제할 수도 없을뿐 더러 그런 방식이 효과적이지도 않다고 생각한 것이다. 그래서 그는 선수가 스스로 훈련할 수 있도록 동기부여를 하기로 했다.

김 감독은 훈련 당시 넛지 전략을 썼다. 선수들에게 잘못을 지적하고 호통 치는 게 아니라 은근히 자존심을 건드려서 자극을 주거나 잘하는 부분에 대해선 칭찬을 해주어 더 의욕적으로 훈련하도록 했다. 경기장에서도 선수들을 질책하는 법이 없었다. 대신 잘못한 부분에 대해서는 함께 개선책을 찾고 격려했다.

칭찬하기는 김 감독의 장기다. 훈련 중에도 끊임없이 "잘 했어" "좋았어" "조금만 더 해보자"라며 힘을 북돋웠다. 선수들에게 일방적으로 지시하기보다는 선수들의 목소리에 귀를 기울이려 노력했다. 선수들은 항상 열린 자세로 자신들의 이야기를 들어주는 감독을 믿고 따랐다. 감독과 선수들 사이에 허물이 있을 리 없었다. 친구처럼 스스럼없이 대화를 주고받으며 믿음을 쌓아나갔다.

김 감독의 남다른 지도방식 중 하나는 바로 펀Fun, 재미다. 같은 훈련을 하더라도 이왕이면 즐겁고 지겹지 않게 하는 것이 훨씬 효과적이라는 걸 알기 때문이다. 3분 동안 점프 훈련을 한다면 1분마다 방식을 달리하고 완급조절을 해, 고된 훈련이 아닌 즐거운 놀이를 한다는 생각이 들게 하였다. 선수 개개인의 특성에 맞는 맞춤식 훈련법을 선택하기도 했다.

김 감독은 영역 간의 통합을 의미하는 통섭의 지혜를 누구보다 잘 활용했다. 다른 종목의 운동을 연구하며 스피드 스케이팅과 접목시키려 한 것이다. 그는 선수들에게 쇼트트랙 훈련을 시켰다. 세계 어느 나라에서도 찾아볼 수 없었던 일이다. 스피드 스케이팅 선수들이 쇼트트랙을 훈련한다고 하니 다들 이상하게 생각했다. 하지만 그는 쇼트트랙의 곡선주로에서 속도를 높이는 기술이야말로 스피드 스케이팅 선수들에게 가장 절실하다는 걸 알고 있었다.

그는 또 육상 선수의 출발 훈련도 시켰다. 마침 우리나라에 와 있던 미국의 육상 코치에게 자문을 구했더니 "두 종목은 출발 방식 자체가 다르다"며 고개를 저었다. 하지만 그는 포기하지 않았다. 체육과학 연구원과 육상 코치들을 찾아다니며 조언을 구했고 마침내 선수들에게 꼭 맞는 출발 훈련법을 찾아냈다.

그뿐 아니라 역도 선수들의 근력 운동을 도입하기도 했다. 역도 선수들이 바벨을 잡아챌 때 솟구치는 폭발적인 힘의 원리를 스피드 스케이팅에 응용한 것이다. 새로운 훈련 기법이나 방식을 찾아내고 시도하는 것은 결코 쉬운 일이 아니었다. 하지만 그는 부단하게 연구하고 실험을 거듭하면서 해결책을 찾아냈다.

김 감독의 또 다른 장점은 끊임없는 탐색과 관찰이다. 세계 대회 등 큰 무대에 나가면 일류 선수들의 동작 하나하나를 놓치지 않고 살폈다. 잘 하는 선수들에게는 분명 좋은 태도나 자세가 있다고 생각한 것이다. 우리 선수들에 대한 깊은 애정 역시 관찰과 탐색으로 이어졌다. 선수들의 장·단점은 물론 성격까지 세밀하게 파악했다.

지구력은 부족하지만 스타트가 좋은 이상화 선수와 이강석 선수에게는 5백 미터, 오래 달릴수록 속도가 더 좋아지는 이승훈 선수에게는 5천 미터와 1만 미터, 지구력과 스타트 모두 좋은 모태범 선수에게는 1천 미터와 1천5백 미터를 집중 훈련시켰다. 밴쿠버 올림픽에서 예상대로 이상화 선수는 5백 미터에서, 이승훈 선수는 1만 미터에서 금메달을 땄고, 모태범 선수는 예상을 깨고 5백 미터에서 금메달을 목에 걸었다.

김 감독의 리더십은 선수들의 재능을 발견하고 그것을 극대화 시켰다는 점에서 빛난다. 그가 만약 예전의 방식대로 권위적으로 선수들을 통제하고 억압했다면 결코 이와 같은 결과를 얻지 못했을 것이다. "내가 낮추니 눈높이가 맞춰지더라"라고 말하는 그는 진정으로 소통하고 재능을 마음껏 발휘할 수 있게 하는 탁월한 리더십의 소유자다.

선수를 즐길 줄 알게 훈련하는 지도자를 말할 때 2010년, 밴쿠버 동계 올림픽에서 김연아 선수를 세계 정상에 올려놓은 브라이언 오셔 Brian Orser 코치를 빼놓을 수 없다. 그는 2006년 5월, 캐나다 토론토의 크리켓클럽 아이스링크에서 김연아 선수를 처음 만났다. 그는《한 번의 비상을 위한 천 번의 점프》에서 "연아는 무표정한, 아니 거의 화난 사람 같은 얼굴로 스케이트를 타고 있었다. 그녀의 불행해 보이기까지 하는 얼굴이 내내 마음에 걸렸다"라고 말했다.

오셔 코치는 김연아 선수를 웃게 하려고 노력했다. 그는 연습 때도 함께 스케이트를 타면서 김연아 선수가 즐겁게 훈련할 수 있도록 했다. 안무 담당 코치도 항상 웃는 얼굴로 김연아 선수가 즐거운 표정을 지을 수 있도록 이끌었다. 덕분에 김연아 선수의 표정은 더 없이 밝아졌고 올림픽 무대에서도 풍부한 표정 연기로 예술적 재능과 아름다움을 한껏 발휘할 수 있었다.

예전에는 운동선수들이 비장한 각오로 지면 죽는다는 심정으로 그야말로 목숨 걸고 운동했다. 하지만 이제는 선수들이 더는 그러한 태도로 운동하지 않는다. 대신 그들은 "즐기겠습니다"라고 말한다. 모태범 선수도 밴쿠버 올림픽 500미터 경기 이틀 전 누나의 미니홈피에 '쿵쿵 재미있을 것 같아'라고 썼다. 수영 영웅 박태환 선수도 경기장에 나타날 때면 항상 헤드폰을 끼고 음악을 듣는다. 경기 전 인터뷰에서도 늘 "시합을 즐길 예정입니다"라고 말한다. 축구 국가대표팀 선수들도 선배 선수들이 죽기 살기로 싸웠던 한일전을 앞두고도 "경기를 즐기겠습니다"라고 말한다.

가난한 시절에 태어나서 자란 구세대들과 국민소득 2만 불 시대에 부족함 없이 자란 세대들의 사고방식은 다를 수밖에 없다. 요즘 청춘들이 나약하다거나 패기와 근성이 부족하다고 혀를 차서는 안 된다. 환경에 맞게 사고방식과 태도가 달라지는 것은 너무나 당연하다. 즐길 줄 알게 하는 것이야말로 이 시대 호감 리더십의 핵심이다.

1980년대 중반부터 전성기를 누려왔던 스포츠 신문들이 1990년대 중반 이후 쇠퇴하기 시작했다. 1990년대 후반의 IMF 사태로 말미암은 광고시장의 변화, 스포츠 신문사 간의 과당 경쟁 등이 그 원인으로 꼽혔다. 하지만 그 못지않게 더 중요한 원인이 있었다. 스포츠 신문들 대부분이 내부 고객 만족을 할 줄 몰랐다는 것이다.

1969년, 국내 최초 스포츠 전문지로 창간된 〈일간스포츠〉 외에 〈스포츠서울〉, 〈스포츠조선〉, 〈스포츠투데이〉, 〈굿데이〉 등 여러 스포츠 신문들이 등장하면서 경쟁이 치열했다. 마감시간 경쟁을 벌이면서 다음날 조간이 전날 점심시간이면 나올 지경까지 되었다. 출근시간이 점점 당겨지면서 기자 등 업계 종사자들의 일상이 고달파졌고, 무엇보다도 급박한 마감시간에 맞춰 기사를 만들어내다 보니 기사의 수준도 떨어질 수밖에 없었다.

기사의 특종 경쟁도 스포츠 신문 업계 전체의 전망을 어둡게 했다. 확인되지 않은 연예인의 열애나 결혼, 이혼 등 각종 스캔들 기사들이 쉴 새 없이 쏟아졌고 이에 따른 독자들의 신뢰도는 점점 떨어졌다. 밀도 있는 심층 분석 기사 대신 가벼운 가십성 기사가 양산되었다. 현장에서 취재하는 기자들의 의욕도 덩달아 떨어졌고 조직과 직업에 대한 자긍심도 사라졌다.

스포츠 신문은 재미를 추구하는 대중지다. 기자들이 즐겁게 취재하고 기사를 써야 신문이 즐거운 소식으로 가득 차고 독자들도 즐거워한다. 독자들이 스포츠 신문을 찾는 것은 즐겁고 재미있는 읽을거리 때문이다. 이렇게 즐거운 내용의 기사를 발굴해서 써야 할 기자들이 우거지 상으로 억지로 일을 하니 즐거운 내용의 신문을 만들어낼 수 없었던 것이다.

미디어 환경이 크게 변하면서 신문 산업이 많이 위축되었고 스포츠 신문 역시 같은 물결에 휩쓸린 측면도 있다. 하지만 즐겁고 재미있는 소식을 기대하는 독자들의 욕구를 잘 이해하고 기사를 쓰는 기자들이 즐겁게 일할 수 있는 여건을 만드는 데 힘썼더라면 상황이 달라질 수도 있었을 것이다. 스포츠 신문의 사례는 직원들이 자부심과 자발적이고 긍정적인 기운을 잃지 않도록 하는 것이 얼마나 중요한지 잘 보여준다.

중세 때의 종교개혁가 마르틴 루터Martin Luther는 이렇게 설파했다.

"타고난 재능, 지식, 많은 학식 등이 성공을 보장하는 것은 아니다. 남이 원하는 것을 포착하는 감각과 그것을 주려는 의지가 필요하다. 원하는 것을 찾아 최선을 다해 충족시켜준다면 그러한 배려를 고맙게 생각하지 않을 사람이 어디 있겠는가?"

기업에서도 직원들이 원하는 것이 무엇인지 알고 배려해주면 직원 역시 그것에 감사하고 열심히 일한다. 자긍심과 일하고자 하는 의욕이 넘치면 기업도 성공하게 마련이다. 오너나 리더의 역할이 바로 그런 것이다.

잘 되는 기업과 안 되는 기업을 구분할 수 있는 가장 확실한 방법은 직원들과 오너의 목표가 일치하는지 알아보는 것이다. 오너와 직원들이 서로 다른 생각을 하고 있다면 그 기업의 미래는 보나마나다. 오너와 직원이 같은 목표를 향해 나아가고 직원들이 주인의식을 갖고 즐거운 마음으로 달릴 때 그 기업은 성공한다. 오너나 리더들은 항상 직원들이 자신들이 지향하는 목표와 방식을 이해하고 공유하고 있는지 살펴보고, 그것을 위해 필요한 것이 있다면 과감하게 제공해야 한다.

'자신을 이끌려면 머리를, 남을 이끌려면 가슴을 이용하라'는 말이 있다. 리더나 오너는 그래야 한다. 아랫사람이 달리면서도 힘든 줄 모

르고, 즐거운 마음으로 신 나게 달릴 수 있도록 해 주는 것, 그것이야
말로 진정한 호감 리더십이다.

샘 월튼이 뉴욕 한복판에서
훌라춤을 춘 이유

미국의 마셜 골드스미스Marshall Goldsmith 박사는 리더십의 슈퍼코치로 불린다. 그가 한 번 컨설팅을 해 주고 받는 돈은 25만 달러, 우리 돈으로 무려 3억 가까이 된다. 세계 최고다. 그런데도 세계 굴지의 기업 CEO들이 그에게 리더십 컨설팅을 받기 위해 줄을 선다. 2009년, 미국 〈포브스Forbes〉와 영국 〈더 타임스The Times〉는 그를 세계에서 가장 영향력 있는 비즈니스 사상가 15인 중 1명으로 선정했다.

그는 세계적인 기업 CEO와 임원들을 만나 본 결과 하나의 공통점을 찾았다고 한다. 그것은 바로 '자신이 하는 일을 통해 참된 행복과 의미를 찾는다. 어떤 상황에서도 불평하거나 핑계대지 않는다. 남들 앞에서 기운 빠진 모습을 보이지도 않는다'는 것이다. 열정적이고 긍정적이며 동시에 활력이 넘친다는 것이다. 그는 이러한 긍정적 기운이 훌륭한 리더십의 핵심이라고 강조한다.

'모조Mojo'라는 말이 있다. 이는 미국 흑인들이 소원을 빌기 위해 부적을 넣고 들고 다니는 작은 주머니를 뜻하는데, 1960년대 이후 흑인 문화가 주류로 흘러들어오면서 자신감이나 활력, 긍정적 마인드를 표현하는 속어로 쓰이게 되었다. 1997년, 영화 〈오스틴 파워Austin Powers〉에서 성적인 에너지나 강한 매력을 뜻하는 말로 쓰이면서 크게 유행했다.

골드스미스 박사는 이 모조야말로 기업의 CEO나 학교의 교사, 가정의 부모, 군대의 지휘관 등 각 분야의 리더들이 갖추어야 할 최고의 덕목이라고 강조하면서 "모조는 내면에서 우러나 밖으로 드러나고 확산되는 긍정적인 에너지이다"라고 말한다. 긍정적인 에너지의 대상은 바로 지금 자신이 하는 일이다. 자신이 무엇을 하든 그것에 대한 긍정적인 에너지, 그것이 모조라는 것이다. 모조를 가지고 있는 리더가 그렇지 않은 리더에 비해 훨씬 더 조직을 잘 이끌 뿐 아니라 조직 구성원들의 만족도도 높일 수 있다.

모조가 높은 리더는 부하 직원이나 다른 사람에게 부정적인 말을 쓰지 않는다. "겨우 그것으로 되겠어?"라는 말 대신 "그만큼이나 했어? 조금만 더 하면 더 멋지겠네"라고 말한다. 부정적인 말을 하게 되면, 자신도 모르게 자신은 옳고 상대는 잘못됐다는 독단에 빠질 뿐 아니라 상대의 기분만 나쁘게 할 뿐 아무런 도움도 되지 않는다.

상대를 칭찬할 때도 마찬가지다. 열 가지 칭찬을 하고서도 마지막에 "하지만~"이라고 말해버리면 앞의 칭찬들이 아무 소용없게 된다. 곱셈의 법칙처럼 열 가지를 잘하고서 마지막 한 가지를 잘못하면 그 열 가지 모두 제로, 즉 $10 \times 0 = 0$이 되는 것과 같은 이치다.

세계적인 유통 체인점 월마트의 창업주 샘 월튼Samuel Moore Walton 회장만큼 모조가 뛰어난 사람도 드물다. 1980년대 초 어느 날, 월튼 회장이 기상천외한 차림으로 뉴욕 월스트리트에 등장했다. 하와이 원주민의 전통 악기인 우쿨렐레 연주자들, 훌라 전문 댄서들과 함께 하와이 전통 치마를 입고 나타난 것이다. 사람들의 눈은 휘둥그레졌다. 이윽고 그는 하와이안 리듬에 맞춰 훌라춤을 추기 시작했다. 수많은 기자들과 행인들이 이 모습을 흥미롭게 지켜보고선 박수갈채를 보냈다.

샘 월튼이 이 깜짝 이벤트를 벌인 것은 월마트가 세전 수익 8퍼센트 이상을 달성하면 월스트리트에서 훌라춤을 추겠다고 약속했기 때문이었다. 회사는 목표 이상을 달성했고 그는 약속을 지켰던 것이다.

샘 월튼 회장은 자신이 직접 나서서 즐거운 이벤트 벌이기를 좋아했다. 개인별, 팀별 콘테스트를 열어 직원 모두가 참여토록 하였고 그 자신 역시 적극 참여했다. 금요일마다 열리는 스태프 회의에서는 반드시 축하 이벤트를 벌였다. 목표한 매출 실적을 달성하거나 회사에 유익한 일이 생기면 함께 축하하고 즐겼다. 길거리에 나서 고객들에게 즐거움을 선사하면서 감사하는 마음을 전하기도 했다. 월마트 고위직 임원들이 어릿광대 복장을 하고 종일 고객들에게 인사를 하기도 했고, 서로의 얼굴에 파이를 문지르며 깔깔대기도 했다.

월튼 회장은 직원들을 가족처럼 대하고 그들을 진심으로 존중해 준 것으로 유명하다. 그는 공식적인 교육이나 전문 교육을 받지 않은, 이른바 스펙이 좋지 않은 사람들을 직원으로 채용해 그들이 발전할 수 있도록 교육기회를 부여하고 최적의 환경을 제공했다. 직원들을 항상 파트너로 불렀고 그들은 늘 그의 기대를 넘어서는 실적을 냈다.

월튼 회장의 수익 분배 프로그램은 어떤 방식으로 직원들을 존중해 주어야 하는지 보여주는 최고의 사례로 꼽힌다. 수익 분배 프로그램은 매니저급 이상들에게만 적용하려 했으나 아내의 권유로 모든 직원들, 심지어 파트타임 직원들에게까지 적용했다. 직원들은 누구나 급료의 비율에 따라 공평하게 수익 분배를 받고, 회사를 떠날 때 주식이나 현금의 형태로 그것을 받게 된다. 업무 실적에 따라 인센티브를 추가로 받기도 하고 근무 기간에 비례해 휴가 보너스도 덤으로 받기도 한다.

이를 통해 월마트 직원들은 자신들이 고용된 직원이 아니라 회사의 주인이라는 자부심과 열정을 갖게 된다. 그들은 회사의 이익을 위해서라면 부서와 상관없이 자신의 견해를 말할 수 있고 월튼 회장은 수첩을 들고 다니며 현장의 목소리를 적었다. 또 회사에 관한 모든 정보들을 직원들과 공유하며 책임감을 가질 수 있도록 했다. 정보의 공유는 기업 내 커뮤니케이션을 활성화하고 직원들이 더 잘해야겠다는 의욕을 높이는데도 큰 도움이 되었다.

샘 월튼 회장은 인간적인 접촉을 좋아했다. 직원들에게 가까이 다가서기 위해 항상 열린 자세를 취했다. 현장에서 만나는 직원들에게 지시나 명령을 하지 않았고 그들의 말을 경청했다. 모든 직원들에게 자신의 위치에서 스스로 판단하고 결정할 수 있는 권한을 주었고, 모든 직원들이 이름표를 달고 서로의 이름을 알고 부르도록 하였다. 그 역시 '샘'이라는 이름을 달고 다녔고 직원들에게 그를 '샘'이라 부르도록 했다. 누구나 예외 없이 규칙을 정하면 지켜야 한다는 게 그의 원칙이었다.

월마트에는 특권이 없는 것으로도 유명하다. 월튼 회장은 '회사 안에서는 누구나 평등해야 한다'고 주장했고 이를 실천했다. 임원이나 경영진이라고 해서 그들만을 위한 식당이나 화장실을 만들지 않았다. 회장님을 위한 전용 엘리베이터 같은 것은 없었다. 경영진도 비행기 탑승 시 이코노미 좌석을 이용했고 비즈니스호텔에서 숙박했다. 월튼 회장 자신도 예외는 아니었다.

사람들은 누구나 인정받고 존중받고 싶어 하며 성취하고 싶은 열망을 갖고 있다는 걸 그는 알았고 이를 잘 이끌어주었다. 바로 높은 모조 덕분이었다.

버진그룹의 창업자인 리처드 브랜슨Richard Branson은 직원들 사이에서 닥터 예스로 통한다. 그는 처음 자신이 그렇게 불린다는 사실에 매우 기뻐했다. 그는 부정적인 말을 하는 대신 긍정적인 말을 하고, 일이 잘 되지 않을 것 같다는 의견이 있으면 할 수 있는 방법을 찾도록 노력했다. 그는 모조가 높은 사람이다.

그는 직원들의 의견을 경청하기로 유명하다. 직원들에게 "하고 싶은 일이 있으면 당장 해 보라"고 말한다. 직원들은 자신의 의견이 인정받고 존중 받는 것에 자부심을 느끼며 성과를 이뤄내기 위해 최선을 다한다.

브랜슨 회장이 긍정적인 마인드와 열정으로 높은 모조를 유지할 수 있었던 것은 어머니의 영향이 컸다. 그는 어릴 적 난독증을 앓았다. 읽고 쓰는 것이 서툴러 학교에서는 늘 놀림을 당했다. 교사는 심지어 그가 게을러 글을 제대로 읽지도 쓰지도 못한다며 구박하기도 하였나. 그럼에도 그는 주눅이 들지 않았다. 읽는 대신 문장을 통째로 외워버리는 식으로 공부했다.

어느 날 그는 글쓰기 대회에서 1등 상을 받게 되었다. 모두 놀라워했고 믿기 어렵다며 고개를 저었다. 무엇인가 잘못된 게 틀림없다고 생각했다. 우승의 대가로 축하는커녕 의심의 눈초리만 받았다.

시무룩해진 그가 집으로 돌아와 어머니에게 이 사실을 말했다. 어머니마저 그의 말을 믿지 않으면 어쩌나 하고 걱정하고 있었다. 하지만 담담한 어조로 어머니가 말했다.

"얘야, 나는 네가 언젠가는 글쓰기 대회에서 1등을 할 줄 알고 있었단다."

어머니는 그에게 단 한 번도 "넌 할 수 없어"라고 말한 적이 없었다.

결국, 어린 브랜슨의 마음에도 세상에는 불가능한 것이 없다는 믿음이 확고하게 자리 잡게 되었다. '약속은 중요한 것이며 반드시 지켜야 한다, 지키지 못할 약속이라면 아예 하지를 마라'라고 가르친 어머니 덕분에 그는 누구보다 약속을 잘 지키는 사람이 되었다.

브랜슨은 이 세상에 불가능한 것은 없으며, 불우한 사람들을 돕겠다는 자신과의 약속을 지키기 위해 열일곱 살 때 학교를 그만두고 잡지 〈스튜던트Student〉를 창간했다. 난독증을 앓던 아이가 잡지의 발행인이 된 것이다. 이 〈스튜던트〉가 훗날 버진 레코드Virgin Records, 버진 항공사 Virgin Atlantic의 모태가 되었고, 브랜슨을 최고의 CEO로 만들었다.

1984년, 어느 날 브랜슨은 젊은 변호사로부터 한 통의 제안서를 받았다. 대서양을 횡단하는 새로운 항공사에 투자하라는 것이었다. 그는 제안서를 다 읽기도 전에 가슴이 뛰었다. 이미 항공사 사업을 하기로 마음먹고 있었기 때문이었다.

그 전에 그는 푸에르토리코로 여행을 가고자 공항에 나간 적이 있었다. 하지만 항공편이 취소되어 갈 수 없었다. 승객들이 항의를 하였지만 소용없었다. 이때 브랜슨이 나섰다. 2천 달러에 비행기 한 대를 전세 내기로 하고 사람 수로 나누었더니 1인당 39달러가 되었다. 그는 칠판에 '버진 항공사 푸에르토리코 행 편도 39달러'라고 쓰고 사람들에게 알렸다. 사람들은 그 비행기를 이용했다. 이 경험으로 자신감을 얻어 항공사 사업에 주저 없이 뛰어들었던 것이다.

당시 그는 버진 뮤직Virgin Music을 운영하고 있었다. 버진 뮤직은 당시 최고의 인기를 누리던 컬처클럽의 음반을 내는 등 승승장구했다. 그의 항공 사업 제안에 버진 뮤직 임원들은 고개를 저으며 그가 미쳤다고 생각했다. 심지어 그가 항공 사업이 재미있을 것이라고 말하자, 더욱 더 부정적인 반응을 보였다. '사업을 재미로 하다니, 말도 안 돼!'라고 생각한 것이다.

하지만 그는 사업 구상 3개월 만에 첫 비행기를 띄웠다. 버진 애틀랜틱Virgin Atlantic 이 탄생한 것이다. 비행기 한 대로 시작한 사업이었다. 사람들의 비웃음 속에서도 그의 항공 사업은 성장했다. 가격이 기존 항공사보다 훨씬 낮은데도 기내에 음악, 게임, 비디오, 안마, 미용, 샤워 시설을 갖춰 최적의 비행 환경을 제공하자 승객들이 몰리기 시작한 것이다. 그렇게 시작한 버진 항공은 버진 아메리카Virgin America, 버진 익스프레스Virgin Express, 버진 나이지리아Virgin Nigeria, 버진 블루Virgin Blue 등의 항공사를 거느린 세계적인 항공사가 되었다. 여기서 멈추지 않고 버진 갤럭틱Virgin Galactic을 설립, 민간 우주여행을 준비하고 있다.

브랜슨은 괴짜 CEO로 통한다. '자신이 직접 나서 광고를 한다'는 원칙을 세우고 기상천외한 퍼포먼스들을 벌여왔다. 그는 1984년, 버진 애틀랜틱을 세울 때부터 이 원칙을 고수해 오고 있다.

대표적인 것이 버진 콜라Virgin Cola를 출범하면서 뉴욕 한복판에 탱크를 몰고 들어가 코카콜라 간판에 기관총을 발사하는 퍼포먼스를 벌인 것이다. 웨딩숍인 버진 브라이드Virgin Bride를 알리기 위해 프릴이 달린 웨딩드레스를 입었고, 버진 메가 스토어Virgin Mega Store를 열 때는 록 그룹 건스앤로지스Guns N' Roses의 액슬 로즈Axi Rose를 흉내 내 격자무늬 미니스커트 차림에 금발 가발을 쓰고 등장하기도 하였다. 버진의 로고와 글이 새겨진 열기구를 타고 성층권에 올라가는 등 여러 가지 퍼포먼스를 했다.

그가 몸을 던져 광고하는 모습을 보면 사람들은 예외 없이 "와우, 재미있다!"고 말한다. 그의 모습은 버진에 대해 친근하게 느끼도록 하면서 버진이 늘 새롭게 거듭나기 위해 노력하는 창의적 기업이라는 이미지를 갖게 한다. 이는 스스로 즐기지 않으면 결코 할 수 없는 일들로 모조의 힘이라고 할 수 있다.

그는 '노는 것도 노력이 필요하다'고 강조한다. "일만 하면 멍청이가 될 뿐이다. 열심히 재미있게 놀려고 노력해야 진정한 삶을 산다"고 말한다. "내 사업 방식의 핵심은 재미다. 재미란 시작부터 모든 것을 풀어가는 열쇠다. 앞으로도 절대 변하지 않을 것이다."

그는 다른 사람들에게 "그것이 재미있나요? 꼭 틀에 박혀 살아야 합니까? 그렇게 싫은 일이 진정으로 당신이 할 수 있는 유일한 선택입니까?"라고 질문한다.

그리고 "누구나 다른 것을 선택할 수 있습니다. 주변을 둘러보세요. 그리고 그것 말고 무엇을 할 수 있는지 찾아보세요"라고 말한다.

'그것 말고 무엇'은 다름 아닌 재미있는 것, 하고 싶다는 긍정적인 에너지, 즉 모조가 생기는 그런 일을 말한다.

인간적인 기술이
고객의 마음을 녹인다

제임스 다이슨James Dyson은 영국 왕립 미술학교에서 산업디자인을 전공한 디자이너였다. 어느 날 그는 황당한 경험을 했다. 산 지 얼마 된 멀쩡한 청소기인데도 흡인력이 떨어지고 작동이 제대로 되지 않았던 것이다. 먼지 흡입구가 금방 막혀 먼지를 빨아들이지 못했다.

그는 화가 치밀었다. '먼지주머니가 없으면 흡입구가 막힐 일도 없을 텐데 왜 먼지주머니를 단 청소기만 나오는 것일까?' 의문은 금방 풀렸다. 먼지주머니를 자주 쓰다 버리고 새로 구입해야 기업이 더 많은 돈을 벌 수 있기 때문이었다. 그는 청소기 제조사들을 찾아가 먼지주머니 없는 청소기를 만들었으면 좋겠다고 제안했다. 하지만 누구도 관심을 두지 않았다.

그는 자신이 직접 먼지주머니 없는 청소기를 만들겠다고 결심했다. 그의 고달픈 도전은 그렇게 시작되었다.

그는 '어떻게 하면 먼지주머니 입구가 막히는 문제를 해결할까?' 고민하던 중, 톱밥가루가 심하게 날리는 목공소를 떠올렸다. 원심분리기로 공기를 매우 빠른 속도로 회전시켜 톱밥을 걸러내는 목공소의 공기정화기 원리를 응용하면 되겠다 싶었다. 하지만 그것을 제품으로 완성하기는 쉽지 않았다. 15번째 모형을 만들었을 때 셋째 아이가 태어났고, 2천6백 27번째 모형이 나올 때부터는 완전히 빚더미에 앉게 되었다. 3천7백 27번째에는 아내마저 돈을 벌기 위해 나서야 했다. 그럼에도 그는 개발을 멈추지 않았다.

그렇게 5년이 넘는 세월이 흘렀다. 5천1백 26번의 실패 끝에 마침내 먼지주머니 없는 진공청소기가 완성되었다. 백 년간이나 청소기에 달려 있었던 먼지주머니가 드디어 자취를 감추는 순간이었다.

그는 제품의 판매권을 대형 청소기 제조업체에 넘기고 계속해서 디자이너로 살고자 했다. 하지만 먼지주머니 수입으로도 충분히 만족했던 청소기 업체들은 그의 제품 디자인을 외면했다. 설상가상으로 암웨이Amway가 그의 시제품과 비슷한 청소기를 만들어 팔기 시작했다. 빈털터리였던 그는 위기에 부딪혔다. 다행히 일본의 한 기업과 라이선스 협약을 맺게 되어 겨우 숨을 돌릴 수 있었다.

그는 자신이 직접 제품을 생산하는 회사를 만들어야겠다고 결심했다. 1993년, 자신의 이름을 딴 회사인 다이슨Dyson을 설립했다. 다이슨의 첫 제품인 '먼지주머니 없는 다이슨 진공청소기'는 출시 18개월 만에 영국에서 최고의 판매고를 올렸다. 2005년, 조사에 따르면 영국 가정의 3분의 1이 다이슨 청소기를 쓰고 있었다.

그는 이 먼지주머니 없는 진공청소기로 영국 왕실로부터 작위를 받았을 뿐만 아니라 부와 명성을 동시에 얻게 되었다. 다이슨 회사 역시 유럽 최고의 가전 브랜드로 자리 잡았다.

다이슨은 '인간에게 유용한 따뜻한 기술을 제품으로 승화하는 것'을 목표로 삼는다. 직원의 30퍼센트 이상이 엔지니어이고 매출이익의 절반 이상을 연구 개발비로 쓴다. 덕분에 상상을 초월하는 기발한 제품들을 속속 선보인다. 특허도 1천 3백 개가 넘는다. 시속 649킬로미터의 공기를 칼날처럼 예리하게 쏟아내 순식간에 손을 말려주는 손 건조기도 그중 하나다. 전력 사용은 기존의 25퍼센트 밖에 되지 않으면서도 손을 말려주는 속도는 두 배 이상이다. 이처럼 다이슨 제품은 기술과 예술, 실용성이 융합된 경우가 많다.

다이슨의 진면목을 엿볼 수 있는 최고의 제품은 역시 날개 없는 선풍기다. 서너 개의 스크루식 날개가 강하게 돌면서 바람을 일으키는 것이 일반적인 선풍기의 모습이다. 하지만 다이슨의 선풍기는 날개가 없다. 원기둥 몸체 위에 속이 뻥 뚫린 고리모양의 원통이 하나 얹혀 있는 게 전부다. 하지만 신기하게도 이 원통에서 엄청난 세기의 바람이 쏟아져 나온다. 기존 선풍기보다 무려 열다섯 배나 세다.

비행기가 날 때 생기는 기류의 원리를 응용한 날개 없는 선풍기는 날개에 손을 다치지 않으면서도 더 효율적으로 이용할 수 있는 선풍기를 만들어 보자는 데서 출발했다. 아이들이 무심코 손을 집어넣었다가 다치는 일이 없도록 아예 날개가 없는 선풍기를 만들기로 한 것이다. 이처럼 기술을 인간적으로 사용하는 것이 다이슨의 정신이다.

다이슨 회장은 2007년부터 지구가 직면한 문제들을 해결하는 데 기여하는 산업디자인 작품에 자신의 이름을 딴 다이슨상賞을 수여해오고 있다. 세계 각국의 대학, 대학원생들을 대상으로 하는 이 대회에 '따뜻한 기술을 인간적으로 승화한다'는 다이슨의 정신을 계승하는 작품들이 해마다 치열한 경쟁을 벌인다.

2012년은 영국 왕립미술학교 공학석사 과정에 있는 댄 왓슨이 어린 물고기가 저인망에 희생되지 않도록 하는 '안전그물Safety Net'로 대상을 받았다.

인류의 40퍼센트는 물고기가 단백질 공급원이지만 바다의 환경은 날이 갈수록 황폐해지고 있다. 특히 중국인들의 어류 수요가 폭증하면서 전 세계적인 문제로 떠올랐다. 저인망으로 어린 생선들까지 싹쓸이하면서 어족 자원을 고갈시키고 있다. 상품성이 없다는 이유로 죽은 채 바다로 던져지는 어린 물고기가 연간 2천7백만 톤에 이른다. 각국에서 저인망 그물의 사용을 규제하는 등 어린 물고기 보호를 위해 힘을 쓰고 있지만 역부족이다. 또 그물코가 충분히 큰 그물일지라도 바다에 들어가면 작아져 어린 물고기가 잡힐 수밖에 없는 구조이다.

댄 왓슨은 그물에 반지처럼 생긴 동그란 플라스틱 고리들을 달았다. 고리들은 작은 물고기가 충분히 빠져나갈 수 있는 크기로, 바다 속에서 물고기들이 아무리 빨리 달려도 찌그러들지 않는다. 고리들은 LED발광다이오드 조명을 달고 있어 물고기가 쉽게 발견할 수 있다. 깜깜한 극장의 비상구처럼 물고기가 쉽게 찾을 수 있게 한 것이다. 고리에는 또 바닷물에 부딪쳐 회전하면서 전기를 발생시키는 장치도 달고 있어 전원이 꺼질 염려도 없다.

이 안전그물은 그물망 안 중간쯤에 위, 아래를 나누는 수평의 망을 만들고 그물망 아래는 터 버렸다. 개체 수 조절을 위해 어획량을 제한하고 있는 북대서양의 대구를 보호하기 위한 것이다. 대구는 그물에 걸려 스트레스를 받으면 바다 아래로 도망친다. 이 때문에 그물망을 당기게 되면 대구는 그물망 밑으로 내려가 터진 밑으로 빠져나가게 된다. 반대로 대구의 일종으로 크기가 일반 대구보다 작지만, 상품성은 큰 해덕 등은 그물 위로 올라와 고스란히 잡히고 만다.

준우승한 MIT 대학생들의 'BETH 프로젝트'도 인간미 있는 기술의 디자인이다. BETH는 '건강을 위한 인술Benevolent Technologies For Health'이란 뜻으로, 다리가 없는 가난한 나라의 사람들이 싸고 편리한 의족을 가질 수 있게 했다.

지뢰 등으로 다리가 잘려나간 사람들은 3천만 명이 넘는다. 하지만 이들 대부분은 가난한 아프리카, 아시아, 남아메리카 지역 사람들이다. 그들은 돈이 없어 변변한 의족 하나 제대로 쓰지 못하고 있다. 그나마 절단된 다리를 금속으로 만든 인공 다리에 끼우는 것인데, 잘 맞지 않으면 통증이 심해 제대로 걷기조차 어렵다.

의족이 편하려면 절단된 다리 부위와 부드럽게 연결되어야 한다. 그러려면 의족 입구 소켓이 부드럽게 절단된 다리를 받아들여야 한다. MIT 학생들은 로봇 손을 만들 때 사용하는 진공 기술을 응용, 이 문제를 해결하였다. 미세한 알갱이들로 채워진 고무 재질의 양말 형태 소켓을 만들어 의족과 자연스럽게 연결되도록 한 것이다. 수많은 의족환자들에게 도움을 주는 따뜻한 기술이다.

미국의 부동산 거물이자 억만장자인 도널드 트럼프Donald J. Trump는 트럼프 그룹의 회장이자 CEO이다. 트럼프 엔터테인먼트 리조트Trump Entertainment Resort를 설립해 전 세계에 호텔과 고급 콘도미니엄 사업을 진행하면서, NBC와 NBC유니버설을 공동소유하고 있다. NBC TV 리얼리티 쇼 〈어프렌티스The Apprentice〉의 진행자이면서, 해마다 미스 유니버스, 미스 USA, 미스 틴 USA를 개최하고 있다.

트럼프 회장은 마음이 따뜻한 부자로 유명하다. 그의 성공 요인 중 한 가지는 탁월한 사업 수완 뒤에 감춰진 따뜻한 인간미 덕분이었다. 트럼프 회장이 승승장구하던 1988년 어느 날, 젊은 유대인 남자에게서 한 통의 전화가 걸려 왔다.

"일면식도 없는 제가 이렇게 감히 전화를 드려 정말 죄송합니다. 하지만 꼭 부탁드리고 싶은 게 있습니다. 제 아들 녀석 때문입니다. 제게는 세 살 난 아들이 있는데, 지독하게 나쁜 병에 걸리고 말았습니다. 제 가족들이 사는 로스앤젤레스에서는 치료가 불가능하다고 합니다."

트럼프 회장이 말했다.

"참 안 됐군요. 그런데 제가 혹시 도와 드릴 게 있나요?"

젊은 유대인이 대답했다.

"무례한 줄 압니다만, 회장님 전용기가 필요합니다. 아이를 다른 지역으로 옮기려면 특수 의료 장비를 함께 싣고 가야 하는데, 일반 비행기로는 불가능하거든요."

트럼프 회장은 주저 없이 "전용기를 빌려드리겠습니다"라고 말했다. 그는 자신의 전용기를 이용하여 아이를 뉴욕의 병원으로 옮겼다. 하지만 안타깝게도 아이는 숨을 거두고 말았다.

하지만 아이의 부모는 해마다 유대인들의 설날로 알려진 로쉬 하샤나Rosch Ha-Schana 전날이면 트럼프 회장에게 전화로 인사를 한다. 트럼프 회장이 그만하라고 말해도 그들은 감사의 인사를 잊지 않는다. 트럼프 회장은 오히려 그들에게 "감사합니다"라고 말한다. 감사한 마음을 갖는 것 그 자체가 살아갈 용기를 얻게 된다는 것을 잘 알고 있기 때문이다.

버진그룹의 브랜슨 회장도 "남을 돕고 선행을 베푸는 것이야말로 사람의 의무이다"라고 말한다. 그는 걸프 전쟁과 스리랑카의 대규모 쓰나미 등 재앙이 생기면 만사를 제쳐 두고 현장으로 달려가 구조 활동을 펼쳤다. 그는 "기업가로서 또 개인으로서 하는 모든 일들은 누군가에게 영향을 준다는 사실을 명심하라"고 말한다. 선한 의지와 실행만이 진정으로 성공한 삶이라는 사실을 그들은 몸소 증명해 보이고 있다.

입을 닫고 귀를 열 때
소통이 가능하다

chapter 07

1591년, 일본의 도요토미 히데요시는 대마도주 소 요시토시를 통해 "가도입명假道入明, 즉 명나라를 정복하려고 하니 조선은 길을 빌려 달라"는 주장을 조선에 전달했다. 그러나 조선은 이를 거절하였다. 조선은 명나라의 신하 나라였기 때문이다. 도요토미는 거듭 교섭을 청하고 위협하였다. 이에 조선은 황윤길을 통신사로, 김성일을 부사로, 허성을 서장관으로 임명하여 일본에 파견했다.

서인이었던 황윤길은 "필히 병화兵禍가 있을 것이다"라고 했으나 동인이었던 김성일은 "그렇지 않다"고 보고했다. 동인인 허성도 황윤길의 편을 거들고 나섰다. 하지만 백성들의 동요를 원치 않았던 동인이 주도권을 쥔 조선 조정은 김성일의 의견을 옳다고 하였고 아무런 방비책도 마련하지 않았다. 1592년, 임진왜란이 일어나고 임금이 피난길에 오르는 수모를 겪게 된다.

1986년 1월 28일은 미국 역사상 가장 추운 날 중 하나로 기록될 만큼 추웠다. 하지만 사람들은 가혹한 비극이 발생한 날로 기억하고 있다. 미국의 우주 왕복선 챌린저호가 발사된 지 불과 수십 초 만에 폭발, 우주인 7명의 생명을 앗아갔기 때문이다.

챌린저호의 사고원인은 오-링O-Ring 결함이었다. 챌린저호가 발사되기 몇 주 전에, 기온이 많이 떨어지게 되면 고체 연료 추진 장치의 접합 부품인 오-링이 문제를 일으킬 수 있다는 지적이 있었다. 그러나 미 항공우주국NASA은 이를 무시했다. 전 세계가 지켜보고 있는 상황이라 정해진 시간에 반드시 발사시켜야 한다는 생각 때문에 이를 무시한 것이다. 사고 발생 후 다시 조사해 보았더니 그날 챌린저호가 오-링 때문에 사고가 일어날 확률은 무려 99퍼센트나 되었다.

2005년 3월, 미국 텍사스시티의 BPBritish Petroleum 정유공장에 대형 폭발 사고가 일어나 15명이 숨졌다. 사고 현장에 있었던 직원들은 매일 12시간씩 한 달에 29일이나 근무하고 있었다. 그들은 과로와 수면 부족, 의욕상실 등으로 정상적인 사고와 판단을 할 수 없는 상황이었다. BP는 그러나 그런 현실을 외면했다. 5년 후인 2010년, BP는 멕시코 만에서 또다시 최악의 원유 유출사고를 일으켰다.

2011년 3월, 쓰나미가 일본 동북부 지방을 강타했다. 유례없는 엄청난 쓰나미였다. 후쿠시마 원자력 발전소도 쓰나미의 공격을 받았다. 끔찍한 재난이 예상되는 아찔한 순간이었다. 이때 사고 현장의 최고 책임자인 도쿄전력의 시미즈 마사타카淸水正孝 사장은 상황실에 없었다. 그는 자신의 사무실에 숨어 오들오들 떨고 있었다. 끔찍한 상황을 마주할 자신이 없었던 것이다. 도쿄전력은 2003년에 이미 후쿠시마 발전소에 문제가 있다는 것을 발견했지만, 그것을 묵살한 전력이 있었다. 수리비를 절약하겠다는 의도였지만 발전소에 문제가 있다는 사실 자체를 인정하고 싶지 않았던 것이다.

2012년 12월, 울산 신항 북방파제 공사를 하던 배가 침몰해 현장 실습 중이었던 고교생 등 12명이 숨지는 사고가 발생했다. 사고가 일어나기 전 경찰은 사고가 날 위험이 있으니 급히 대피하라고 경고했다. 이날 심한 풍랑이 예상된다는 일기예보도 있었다. 충분히 위험한 상황임을 알고 있었다는 것이다. 하지만 선장은 피항을 거부하고 작업을 고집했다. 결국, 갑판에 설치된 포크 레인 기둥이 무너지면서 배가 침몰하고 말았다.

세계 최고의 리더십 코치인 마셜 골드스미스Marshall Goldsmith는 "리더들이 실수를 저지르는 것은 지나친 자기 확신Self-Confidence과 자기중심적 태도 때문이다"라고 말한다. 자신의 경험과 직관, 판단력이 무조건 옳다며 밀어붙이기 때문이다. 자기 확신에 찬 리더는 어느 누구의 말도 듣지 않으려 한다. 이 때문에 점점 부하 직원들은 그가 듣기 좋아하는 말만 하게 되고 심기를 건드리지 않기 위해 눈치를 살피고 몸을 사리게 된다. 그런 조직에서 역동성과 창의성, 협동심, 자발성 같은 미덕이 발휘될 리가 없다. 때로는 조직의 운명이 송두리째 흔들리는 참혹한 결과가 나타나기도 한다.

'움직이는 물체는 계속 움직이려 한다'는 관성의 법칙은 사람의 사고와 행동에도 그대로 적용된다. 사람들은 평소 자신이 해 오던 말과 행동을 바꾸고 싶어 하지 않는다. 자신에게 익숙하고 편한 대로 말하고 행동하려 하는 것이다. 그래서 자신과 의견이나 사고방식, 취향이 비슷한 사람들을 좋아하고 그들끼리만 어울리려 한다. 정치적 신념이나 종교적 성향에 따라 편을 가르고 심지어 자신과 다른 신념과 성향의 무리들을 적대시하고 차별하기도 한다.

사람들은 자신에게 익숙하고 편안한 정보, 그리고 자신에게 유리한 정보만을 선택해 받아들이는 선택적 인지Selective Recognition를 하는 경향이 있다. 자신에게 유리한 정보임에도 현재의 편함 때문에 배척하거나 무시하기도 한다. 이런 선택적 인지 때문에 많은 리더들이 잘못된 판단을 한다.

《의도적으로 외면하기》의 저자 마가렛 헤프넌Margaret Heffernan은 "불편한 진실에 눈을 감는 의도적 외면Willful Blindness 때문에 재앙이 발생한다"고 주장한다. 그녀는 "뇌의 활성 부위를 분석하면 인간의 행동에 대한 다양한 근원을 이해할 수 있다"고 말한다.

그녀는 "인간의 뇌는 돈과 음식, 마약에 대해 같은 부위에서 쾌감을 느끼고 돈을 생각하는 것만으로도 맛있는 음식을 먹거나 마약을 했을 때와 똑같은 쾌감을 느낀다"고 주장한다. 사랑할 때도 마찬가지다. 그래서 돈과 음식, 마약과 사랑할 때는 쾌감을 느끼지만 그것을 잃었을 때는 가혹한 상실감을 느끼게 된다. 그래서 그것들을 잃게 되었다는 사실을 인정하지 않고 일부러 외면하려 하는 경향이 있다. 그것이 바로 의도적 외면이다.

의도적 외면은 머리를 수풀에 박고선 자신이 숨어있다고 생각하는 타조와 같이 끔찍한 재앙이 눈앞에 펼쳐지고 있는데도 이를 외면하고 숨기려 하거나 도망치려고 하는 것이다. 의도적 외면은 지나친 낙관과도 일맥상통한다. 모든 것이 잘될 것이며 불행한 일은 결코 일어나지 않을 것이란 자기 암시와 확신이 더해진다.

2008년, 금융 대란이 일어날 조짐이 그전부터 명백하게 드러났음에도 불구하고 그 상황을 외면한 기업이 있었다. 바로 리먼 브라더스Lehman Brothers Holdings, Inc.였다. 모든 금융사들이 서브프라임 투자를 줄이는데도 리먼 브라더스만은 투자 규모를 늘렸다. 손실이 눈덩이처럼 커지는데도 진실을 외면했던 것이다. 진실을 직시하는 대신 분식회계로 숨기려 했다.

리먼 브라더스의 경영진들은 일제히 의도적 외면을 했다. 가혹한 현실을 마주하려니 머리가 불편해하고 거부반응을 보였던 것이다. 빚이 500억 달러나 되는데도 분식회계로 정리된 장부를 들여다보면서 스스로 위안받았다. 당시 미국 시민들도 마찬가지로 의도적 외면에 익숙해 있었다. 수많은 사람들이 직장을 잃고 거리를 헤매거나 심지어 자신의 부채가 산더미처럼 쌓여 가는데도 별 문제 없을 거라고 믿었다. 빚을 잔뜩 내 집을 사면서도 전혀 부담감을 갖지 않았다. 집값은 반드시 오를 것이며 빚은 나중에 갚으면 된다고 믿었다. 은행은 앞 다퉈 대출을 해주었다. 정부와 은행, 신용평가사와 시민 누구도 사태의 심각한 측면을 똑바로 들여다보지 않았다.

의도적 외면과 그로 말미암은 재앙의 발생을 막기 위해선 의도적 마주하기를 하고 현실을 있는 그대로 보고 인정할 줄 알아야 한다. 그러기 위해선 우선 인간의 뇌는 매우 게으르다는 것을 인정한다. 익숙하고 편안한 정보만 받아들이려는, 관성의 법칙에 꼼짝없이 끌려가는 뇌에 긴장감을 불어넣어야 한다.

지나친 자기 확신과 자기중심적 태도에서 벗어나 열린 마음으로 상대의 이야기에 귀 기울일 줄도 알아야 한다. 자신과 다른 생각, 다른 취향을 가진 사람의 이야기를 듣고 자신과 다른 의견을 가진 사람을 존중해야 한다.

월스트리트 투자 귀재였던 피터 번스타인Peter L. Bernstein은 이렇게 말했다.

"난 내 의견에 동의하지 않는 사람을 좋아한다. 내 의견에 동조하는 글을 읽기는 쉽다. 하지만 그건 시간 낭비일 뿐이다."

관성의 법칙에 따라 습관적으로 이뤄지는 말과 행동을 수시로 점검해야 한다. 지금 하고 있는 말과 행동을 단지 편하고 익숙하다는 이유만으로 하고 있는 건 아닌지 자문해 본다. 만약 "그렇다"는 대답이 나오면 주저 없이 관성의 법칙에서 벗어나려는 노력이 필요하다.

실수와 실패에는
쿨하게 대처하라

chapter 08

'실패는 성공의 어머니'라는 에디슨의 말은 세월이 흐를수록 빛난다. 숱한 실패를 딛고 성공한 개인과 기업들이 끊임없이 등장하면서 그 말의 진가를 증명하고 있기 때문이다.

월마트 창업자 샘 월튼의 성공 비결은 실패를 두려워하지 않았다는 것이다. 그는 자본력을 앞세운 대기업에 맞서기 위해서는 대기업이 신경을 쓰지 않는 작은 도시에 상점을 여는 것이 유리하다고 판단했고 결국, 자신의 판단이 옳다는 것을 증명했다. 그는 사업이 번창하는 가운데서도 끊임없이 실패를 맛보았지만 그때마다 그것을 도약의 발판으로 삼았다.

훗날 그는 이렇게 말했다.

"나는 실패에서 배울 수 있는 모든 것을 배웠다. 나는 실패를 통해 큰 발전을 이룰 수 있었다."

샘 월튼 회장은 그 자신이 수많은 실패를 경험했고 그것을 통해 더 많은 지혜를 얻고 성공할 수 있었다. 이 때문에 그는 회사의 직원들이 실수하거나 실패했다고 해서 냉혹하게 문책하거나 불이익을 주는 일은 결코 없었다. 그는 직원들이 실수하거나 실패하면 그것을 공개하고 다시는 같은 실수나 실패를 되풀이 하지 않도록 했다. 실수하거나 실패한 직원들에게 벌을 주는 대신 그것을 회사 발전을 위한 소중한 경험으로 받아들이도록 한 것이다.

미국의 세계 최고 디자인 회사인 IDEO의 창업주인 데이비드 켈리David Kelly는 "빨리 실패하라. 그러면 더 빨리 성공할 것이다"라고 말했고, 리처드 파슨Richard Parsons과 랄프 키즈Ralph Kies는 《실패의 성공학》에서 "실패를 즐기는 사람이 세상을 지배한다"고 했다.

성공한 기업의 창업주나 CEO들은 자신의 실패뿐 아니라 조직원의 실수나 실패를 질책하는 대신 그것을 도약의 발판으로 삼게 한다는 공통점을 갖고 있다. 실패를 두려워해 아무것도 하지 않는 것보다는 실패하더라도 시도하는 것이 낫다고 역설한다.

실제로 많은 기업들이 실패를 징계의 사유가 아니라 같은 실패를 반복하지 않으려는 디딤돌로 삼고 있다. 실패사례 연구팀을 만들어 실패의 원인을 찾고 그것을 데이터화 하는 한편 그것들을 새로운 정책에 반영하기도 한다.

하지만 반대로 실패로 말미암은 징계가 두려워 아예 아무것도 시도하지 않으려는 조직도 많다. 공무원 조직이 대표적이다. 공직 사회는 성과를 내고 그것을 나눠가지는 일반 기업과는 생리가 다르다. 따라서 책임져야 할 일을 나서서 만들지 않으려 하는 성향을 갖고 있다. 공연히 일을 추진했다가 문제가 생기면 책임져야 할 일만 생길 테니 아예 새로운 시도를 하지 않으려고 한다. 그래서 복지부동한다는 비난을 받기도 한다.

일반 기업에서도 관료적인 분위기가 강한 곳은 선의의 실패를 징계의 사유로 삼거나 특정인을 실패의 희생양으로 삼기도 한다. 실패한 것을 두고 치열하게 책임공방을 벌이고 희생양을 찾는데 몰두할 뿐 차분하게 실패에 대한 원인을 찾거나 다시 같은 실패가 되풀이되지 않도록 대책을 세우는 일에는 소홀하다. 징계 대상자를 찾아 시끌벅적하게 문책한 후 다시 일상으로 돌아가고 마는 것이다. 이런 조직은 성공할 수 없다.

일본의 혼다Honda를 세운 혼다 쇼이치로本田宗一郎는 "실수를 저지르지 않는 사람은 위에서 시키는 대로 하는 사람이다. 혼다는 그런 인간을 필요로 하지 않는다"고 말했다. 윗사람의 눈치만 살피고 실패할 것을 두려워해 아무것도 하지 않는 사람들이 가득한 조직이라면 그 미래는 불 보듯 뻔하다.

혼다 쇼이치로의 경영철학을 우화로 쓴 케빈 왕의《닭을 죽이지 마라》에 이런 구절이 나온다.

"닭은 사실 잔혹한 동물이어서 말이지, 무리 중의 한 마리가 조금 피를 흘리고 있으면 다 덤벼들어 그 상처 난 부분을 쪼아서, 그 녀석을 죽여버린다는군. 그래서 상처 입은 닭이 있을 때는 그 녀석을 격리시켜야 한다는 거야. 그 벽보는 바로 닭 회의를 해서는 안 된다는 경계의 말이야."

"요컨대 상처 입은 닭은 실패한 사람이라는 의미로, 그 사람을 질책해서 망가뜨리는 회의를 해서는 안 된다는 말씀이십니까?"

"대체로 연구 개발이라는 것은 실패의 반복이며 99퍼센트 이상은 실패를 각오하지 않으면 안 되는 거야. 새로운 일을 한다는 것은 그런 거지. 그래서 경험 없는 일을 잘 못하는 것은 진짜 실패가 아니라고 난 생각하고 있어."

"새로운 일에 대해 정말 진지하게 생각하고 노력했다. 그렇지만 잘 되지 않았다. 이것을 질책하면 어떻게 될 것 같은가?"

"대부분의 사람들은 실패를 두려워한 나머지 다음부터는 새로운 일을 하려고 들지 않을 겁니다."

"사소한 문제점을 꼬투리 잡아 모처럼 내놓은 좋은 아이디어를 짓밟아버리는 것만큼 어리석은 일은 없다고 생각하지 않나? 그 사람은 만족할지도 모르지만, 회사로서는 좋을 게 하나도 없지."

"대체로 자신은 아무것도 안 하는 주제에 남의 실수에 왈가왈부하는 사람 중에는 제대로 뭘 할 줄 아는 인간이 없어. 최근에는 어느 회사에나 자기는 앉아 있거나 누워 뒹굴면서, 상처를 입었거나 혹이 난 사람들을 보고 비웃는 사람들이 늘고 있다고 해. 이런 사람들을 다 용서한다면 회사는 엉망진창이 되어버릴 거야."

미국 스탠퍼드 대학의 로버트 서튼Robert Sutton 교수는 "리더는 직원들이 징계나 배척의 두려움 없이, 비록 어설픈 것이라 하더라도, 자유롭게 자신의 아이디어를 말할 수 있고, 실수하거나 실패하더라도 그것을 기꺼이 인정하는 일종의 안전지대를 제공하여야 한다"고 역설한다. 그는 또한, "프로젝트가 끝났을 때, 성패와 상관없이 반드시 격려와 감사를 표현하라"고도 말한다. 혼다 쇼이치로의 '닭을 죽이지 마라'는 교훈이 바로 그런 의미다.

성공한 사람들의 이야기가 감동을 주는 것은 그들이 대부분 숱한 실패를 겪었지만, 그것들을 이겨내고 마침내 자신의 꿈을 이루었기 때문이다. 자신의 실패담을 들려줌으로써 실패를 경험했거나 할 가능성이 있는 사람들에게 용기와 희망을 주는 것이다. 기업도 마찬가지다. 기업이 탄생하는 순간부터 일사천리로 승승장구하는 예는 거의 찾아보기 어렵다. 숱한 고비와 실패를 거듭하면서 한 발 한 발 나아가는 것이다.

실패는 개인이나 기업의 라이프 사이클에 필연적으로 등장할 수밖에 없다. 실패를 두려워해서 아예 시도할 엄두조차 내지 않거나 실패 했다고 다시 일어설 기회를 완전히 막아버리는 것은 성공하기를 포기 하는 것과 마찬가지다. 실패를 두려워하지 않고 시도하게 하는 것, 그 리고 실패한 사람에게 다시 기회를 주는 것, 실패를 성장의 보약으로 삼는 것, 이것이야말로 기업이 잘 되고 성공하는 최고의 밑거름이다.

2002년, 월드컵 축구에서 4강 신화를 이룬 거스 히딩크Guus Hiddink 감독은 이렇게 말했다. "축구는 실패투성이 게임이다. 골을 위해 수많 은 패스와 드리블을 하다가 겨우 한두 골로 승부를 결정짓는 게임이 다. 그 숱한 시도들은 대부분 실패하고 만다. 따라서 축구는 실패를 컨 트롤하는 경기다. 정확한 슈팅을 날리고 정확한 패스를 하는 것이 중 요하지만, 축구의 속성상 부정확한 경우가 훨씬 더 많다. 따라서 한 번 실수했다고 그 선수 체면이 손상되는 건 아니다."

히딩크 감독은 실수한 선수를 공개적으로 비난하지 않았다. 그의 말처럼 선수라면 실수는 늘 따라다니기 마련이다. 그는 경기가 끝난 후 결정적인 실수를 한 선수가 있더라도 결코 기자들 앞에서 공개적으 로 거론하지 않았다. 우리나라 대표 팀 감독 중에는 경기에 진 후 인터 뷰에서 "나의 의도를 선수들이 제대로 이해하지 못했다"며 패배 원인 을 선수들에게 돌린 사람이 있다. 하지만 히딩크 감독은 결코 그런 모 습을 보이지 않았다.

그는 경기 후 비디오 분석 등을 통해 선수들에게 날카롭게 잘못을 지적했지만 동료들 앞에서 자존심이 상하지 않도록 배려했다. 감정을 억제하고 차분하게 객관적인 사실들을 통해 개선해야 할 점들을 알려 주었다. 지적당한 선수는 기가 죽거나 기분 나빠하지 않고 자신의 잘 못을 발견하고 발전할 수 있는 기회를 잡았다며 좋아했다. 히딩크 감독이 부임한 지 얼마 되지 않아 우리나라는 체코와 프랑스에 5대 0으로 연달아 패배했다. 그러자 사람들은 그에게 '오대영5:0'이란 치욕적인 별명을 붙였다.

만약 우리나라 대표팀이 좀 더 쉬운 상대들과 경기를 펼쳤다면 어땠을까? 그는 우리나라 대표팀이 그동안 성공하지 못한 이유를 다른데서 찾고 있었다. 큰 경기를 앞두고 쉬운 팀만을 상대로 연습경기를 펼쳤기 때문에 실패를 경험할 수 없었다는 것이다. 강팀과 경기를 하면서 실패하고 그것을 통해 이길 힘을 길러야 하는데, 그러지 못했다는 것이다.

그래서 그는 월드컵 경기를 앞두고 강팀만을 상대로 연습 경기를 가졌다. 연습 경기에서 계속 크게 패하자 감독을 바꾸라는 비난이 빗발쳤다. 그러나 축구협회는 히딩크를 끝까지 믿고 기다려 주었고 덕분에 4강 신화라는 결실을 거둘 수 있었다.

히딩크는 '진정한 실패는 나와 선수들이 자신들의 저력만큼 열정을 쏟아 붓지 않은 것'이라고 했다. 자신의 저력과 열정을 얼마나 쏟아 부었는가에 따라 실패와 성공이 갈린다.

딕 베스^{Richard D. Dick Bass}는 미국의 석유, 목장, 리조트 사업가였으나 세상 사람들에게는 산악인으로 더 잘 알려져 있다. 그는 사업가로 부와 명성을 이룬 50대 이후 세계 각 대륙의 최고봉에 오르기로 하고 마침내 그 꿈을 이룬다. 1983년에 마터호른, 아콩카구아, 킬리만자로, 엘브루스, 빈슨, 코스시우스코, 맥킨리 정상에 오른 데 이어 1985년에는 에베레스트 정상까지 밟았다. 이때 그는 55세였다. 그는 세계 최초의 7대륙 최고봉 등정자로 기록됐고 최고령 에베레스트 등정자로 이름을 올리게 되었다. 그가 이렇게 말했다.

"인간은 쉬운 싸움에서 이기는 것보다 어려운 싸움에서 패배하면서 비로소 성장한다."

히딩크가 월드컵 경기를 앞두고 질 줄 알면서도 강팀들과 겨루었던 것은, 어려운 싸움에서 패배하면서 비로소 성장한다는 딕 베스의 이 명언의 의미를 가장 극적으로 보여준 사례이다.

패배한다는 것은 시도했다는 뜻이다. 시도 하지 않으면 실패도 없다. 시도조차 하지 않는 조직이 성공을 이룰 리 만무하다. 개인은 물론 기업과 국가 모두 마찬가지다. 마이크로소프트의 빌 게이츠 회장은 《미래로 가는 길》에서 이렇게 말한다.

"실패한 기업에 몸담은 경력이 있는 임원들을 의도적으로 채용하고 있다. 실패할 때는 창조성이 강조되기 마련이다. 밤낮없이 생각에 생각을 거듭 할 수밖에 없다. 나는 그런 경험이 있는 사람을 주위에 두고 싶다. 앞으로 마이크로소프트도 반드시 실패를 겪을 테지만, 난국을 타개할 능력이 있는 사람은 어려운 상황일수록 빛을 발할 것이다."

빌 게이츠 회장은 실패해 본 사람이야말로 진정한 경쟁력이 있는 인재라 믿고 있다. 예전 로마 시대에도 전쟁에서 나가 지고 돌아온 장수를 죽이거나 벌하는 대신 재기의 기회를 주었다. 실패를 통해 더 많은 지혜를 얻었기 때문에 다음에는 반드시 이길 수 있을 것이라 여긴 것이다. 당시 다른 나라에서는 전쟁에서 패하면 목숨을 내놓아야 했다. 하지만 로마는 패배를 승리의 기회로 활용하는 지혜를 보여주었고 덕분에 오랜 세월 동안 인류 역사상 최고의 제국을 건설할 수 있었다.

혼다 쇼이치로 회장의 '닭을 죽이지 마라'는 말처럼, 실패한 동료나 부하 직원을 단체로 달려들어 물어뜯을 게 아니라 실패의 경험을 조직의 공동 자산으로 소중하게 활용하는 지혜를 가져야 한다. CEO나 리더가 실수했거나 실패했다면 스스로 책임지는 자세를 가져야 하지만 그렇다고 그 때문에 재기불능의 상태로 만들어서는 안 된다. 실수했거나 실패한 부하 직원이나 동료도 마찬가지다.

실패를 실패로 끝내는 게 아니라 성공을 위한 값진 자산으로 활용할 줄 아는 포용과 관용, 지혜의 리더십이 기업과 조직의 생존과 발전을 좌우한다.

끌리는
기업에게 있는
호감 경영

사람의 첫인상에 관한 판단은 불과 0.1초 만에 이뤄진다는 실험결과가 있다. 아득한 원시 시대부터 인간은 처음 만난 상대가 이로운 존재인지 아닌지 재빨리 판단하도록 훈련됐다. 적인지 친구인지 판단하지 못하고 우물쭈물하는 사이에 자신의 머리가 날아갈 수도 있었기 때문이다. 찬찬히 살펴보고 생각할 겨를 없이 직감적으로 판단해야만 했던 것이다.

고객 접대도 이와 비슷하다. 고객과의 첫 대면에서 어떤 인상을 주느냐에 따라 비즈니스의 성패가 갈린다. 고객과의 첫 만남에서 호감을 이끌어내는 것이야말로 모든 비즈니스의 절대적인 과제다. 세계적으로 성공한 기업들은 하나같이 고객과의 접점 관리에 사활을 걸었다.

스칸디나비아항공SAS의 얀 칼슨Jan Carlzon 회장은 '고객과의 최초 만남 15초가 기업 운명을 좌우한다'며 현장 직원들에게 자율권을 주었다. 또한, '고객과 열 걸음 이상 떨어지지 말라'는 월마트의 전략은 고객만족을 위한 대표적 사례다.

'디테일의 힘에 주목하자'는 운동 덕분에 무뚝뚝하기로 유명한 중국 출입국관리소 직원의 얼굴에 미소가 돌기 시작했다는 것은, 고객 만족이란 작은 것에서부터 이뤄진다는 사실을 증명해 보인다. 기술 그 자체보다는 사람의 생명을 더 존중한 덕분에 성공할 수 있었던 볼보Volvo와 세상에서 단 하나뿐인 제품을 만들어 고객의 자존심을 세워온 100년 가게들의 스토리도 흥미롭다.

도시생활에서의 로맨스와 정서적 공감을 모토로 내세운 스타벅스Starbucks와 세상 어디에서도 찾아볼 수 없는 디자인과 소리, 느낌을 무기로 고객 충성도 1위를 자랑하는 할리데이비슨Harley Davidson의 전략은 고객에게 호감을 얻는 것이 무엇인지 실감케 한다. 고객을 가족처럼 대하고, 기업 역시 지역의 공동 구성원이라는 생각을 하는 기업들이 존중받고 발전해왔다.

서비스,
그 진실의 순간

스웨덴 수도인 스톡홀름을 떠나 코펜하겐으로 날아가기 위해 대기 중이었던 비행기 안, 승객들이 좌석을 찾아 앉고 승무원들은 이륙 준비를 위해 분주히 움직이고 있었다. 승무원들에게는 이륙 직전이 가장 바쁘고 정신없는 때이다. 그런데 그 와중에 일반석 승객 한 사람이 일등석 객실을 기웃거리고 있었다. 어느 순간 일등석 안에 있던 승무원과 이 승객의 눈이 마주쳤다. 그러자 승무원은 환한 미소를 지으며 승객을 일등석 안으로 들어오라고 했다. 승무원은 승객에게 일등석 내부뿐 아니라 조종실까지 구경시켜 주고는 음료수를 대접하였다.

  "요즘 일하기가 어떤가요?"라고 승객이 물었다. 그러자 승무원이 "아주 좋습니다. 정말 다른 회사에서 일하는 것 같습니다"라고 대답했다.

"어떤 것이 달라졌나요?"라고 묻자 다시 승무원은 "제가 이렇게 일반석 손님에게 일등석과 조종실을 구경시켜 드리고 음료수까지 대접해 드렸습니다만, 이 일에 관해 누구한테 허락을 받지 않아도 된답니다. 보고할 필요도 없습니다. 제가 알아서 판단하고 결정하면 되는 것이죠"라고 대답했다.

승무원의 표정에는 자부심이 넘쳤고, 물론 질문한 그 손님의 기분도 덩달아 좋아졌다.

스웨덴 사회민주당이 6년 만에 재집권한 다음 날인 1982년 9월 20일 아침, 스톡홀름에서 코펜하겐으로 향하던 기내에 기장의 안내방송이 흘러나왔다.

"안녕하십니까, 동무들!"

승객들이 일제히 웃음을 터트렸다. 딱딱한 기내 방송에 익숙해 있던 승객들이 예상치 못한 기장의 유머에 박장대소하며 즐거워한 것이다. 기장은 사회민주당이 집권하면 그런 안내 방송을 하라는 지시를 받은 적이 없었다. 다만 그날그날 상황에 맞춰 재량껏 안내 멘트를 해도 좋다는 권한이 생긴 것뿐이었다. 이후 다른 항공사들도 이 항공사 기장들의 재치 넘치는 안내 방송을 벤치마킹하기에 이르렀다.

이 일화들은 모두 스웨덴의 스칸디나비아 항공사에서 있었던 것이다.

1970년대 말과 1980년대 초, 오일쇼크와 그로 말미암은 세계 경제 침체로 항공업계가 큰 어려움을 겪고 있었다. 17년간 연속 흑자를 낸 SAS는 1979년과 1980년 2년간 2천만 달러의 적자를 기록했다. SAS이사회는 1981년 여름, 당시 스웨덴 국내 항공사인 린네 후류 Linjeflyg의 사장이었던 얀 칼슨을 사장으로 영입했다. 당시 그는 불과 서른아홉 살이었다.

위기에 빠진 SAS를 살려내기 위해 얀 칼슨이 선택한 전략은 '고객 만족'이었다. 그는 MOT^Moment Of Truth, 진실의 순간에 주목했다. MOT는 원래 스페인의 투우 경기에서 나온 말로, 투우사가 여섯 개의 짧은 칼을 황소 등에 꽂은 뒤 가장 긴 칼을 급소에 찔러 넣는 마지막 순간을 의미한다. 다시 말해 MOT는 경기를 끝내느냐 마느냐 하는 실제질명의 순간을 뜻한다.

스웨덴 스톡홀름 대학의 리처드 노먼^Richard Norman 교수는 비즈니스에서의 MOT는 고객이 직원, 서비스, 제품 등과 접촉하면서 그것들에 대해 느끼고 평가하는 순간, 즉 고객 접점이라고 정의했다.

얀 칼슨은 예상을 깨고 과감하게 투자규모를 늘렸다. 4천5백만 달러를 추가 투자하는 한편, 공항과 시내 연결 교통망 정비, 비행기 정시 출발, 1만 2천여 명의 직원에 대한 서비스 교육 강화 등 고객 만족도를 높이기 위해 1천 2백만 달러를 더 쏟아 부었다.

그는 고객 접점에서의 첫 15초가 기업의 성패를 가른다고 생각했다. 따라서 관리자의 지시와 허락을 기다리는 것이 아니라 고객과 만나는 현장의 직원이 권한과 책임을 갖고 즉시 대응할 수 있도록 했다.

의사결정에 있어 위에서 아래로 내려가는 탑다운Top-Down 방식이 아니라, 밑에서 위로 진행되는 버텀업Buttom-Up 방식을 선택한 것이다. 기내에서 승무원이 일반석 손님에게 일등석을 구경시켜주고 기장이 시의적절한 유머로 기내방송을 할 수 있었던 것은 이 때문에 가능한 일이었다.

그는 눈에 보이지 않는 것의 가치, 즉 무형의 가치를 고객의 로열티로 전환 시키는 데 성공했다. 고객들이 SAS에 관해 이야기할 때, 비행기 대 수나 크기, 비행 시간표, 노선 따위가 아니라 '이용객인 자신들에게 얼마나 잘 대해 주었는지를 더 중요하게 여길 것'이라고 확신하고 있었던 것이다.

과연 그의 판단은 정확했고, 고객 접점의 경영혁신은 대성공을 거두었다. 얀 칼슨의 MOT 혁신으로 SAS는 1년 후 원래 목표치의 세 배인 7천만 달러의 흑자를 기록했고 3년 후에는 〈에어트랜스포트 월드ATW〉에 '올해의 최우수 항공사'로 선정되기도 했다.

진실의 순간 MOT, 즉 고객접점 관리를 통해 고객 만족도를 높이려는 노력은 특히 서비스 업종에서 중요하다. 세계적인 유통체인 기업 월마트는 고객이 매장을 방문할 때마다 그들이 기대하는 이상의 만족을 주기 위해 노력했고 실제로도 그랬다. 창업주 샘 월튼Samuel Moore Walton은 월마트가 전설적인 고객 서비스로 널리 알려지는 것이야말로 다른 경쟁 소매점과 차별화할 수 있는 가장 효과적인 방법이라 믿었다.

그는 파격적인 가격에 폭넓은 상품을 구비하여 원스톱 쇼핑이 가능하도록 할 것, 진심을 담은 특별한 서비스를 제공하여 고객이 다시 매장을 방문하도록 할 것, 이 두 가지를 핵심 경영 전략으로 삼았다.

이것을 위해 '첫째, 개인과 전체를 모두 존중하라. 둘째, 탁월한 서비스를 고객에게 제공하라. 셋째, 모든 면에서 탁월하기 위해 노력하라'라는 세 가지 기본 사명을 설정했다.

이 세 가지 사명을 실천하기 위해 그는 먼저 '열 걸음10-Foot 규칙'을 만들었다. 매장의 직원들은 반드시 고객과 열 걸음 안에 닿을 수 있도록 했다. 열 걸음 안에서, 언제나 직원들이 고객의 눈에 띄어야 하고, 직원들은 그럴 때마다 인사하고, 무엇이 필요한지 부엇을 도와주어야 할지 물어야 한다. 이 규칙은 오늘날까지도 변함없이 지켜지고 있다.

월마트 매장 입구에 가면 서비스 창구를 발견할 수 있다. 고객은 이곳에서 자신이 구매한 어떤 물건이라도 요구사항 없이 반품할 수 있다. 월마트에서 판매한 제품이 아닌데도 기꺼이 반품을 해주는 매장도 있다. 현재의 진상 고객이 미래의 충성도 높은 고객이 될 수 있다는 믿음 때문이다.

인사 도우미는 월마트 정문에서 발견할 수 있는 반가운 존재다. 그들은 늘 활짝 웃는 표정으로 고객들을 맞이한다. 고객이 필요한 것이 있으면 상냥한 태도로 도와준다. 그뿐만 아니라 고객들을 위한 재미난 이벤트가 끊이지 않는다. 마트는 단순히 물건을 구매하는 장소가 아니라 즐겁고 행복한 순간을 맞이할 수 있는 흥겨운 놀이터이기도 해야 한다는 철학 때문이다. 쇼핑하면서 게임이나 각종 경품행사, 재미난 볼거리들이 가득한 리테일테인먼트Retailtainment(구매 Retail+오락 Entertainment) 광장이 되도록 하는 것이다.

샘 월튼은 '고객들이 할인 가격이 아니라 유쾌하고 즐거운 경험을 통해 행복해지고 싶어 하므로 매장을 찾는다는 것'을 잘 알고 있었다. 그는 고객들이 행복해지기 위해선 그들을 대하는 직원들이 먼저 행복해야 한다는 걸 알았고 직원들을 행복하게 하려고 많은 노력을 기울였다.

작지만 큰
디테일의 힘

chapter 02

중국의 386세대를 이끈 정신적 스승 중 1명으로 불리는 보양柏楊은 중국인의 첫 번째 특징으로 '더럽고 무질서하고 시끄럽다'는 것을 들었다. 또한, 그는 '체면을 중시하여 목에 칼이 들어와도 잘못을 인정하지 않는 것'도 중국인의 나쁜 근성이라고 했다. 대체로 수긍이 가는 말이다.

중국인들은 '상관없다, 적당히 해' 뜻의 메이관시沒關系와 '별 차이 없잖아'란 뜻의 차부둬差不多란 말을 자주 쓴다. 무슨 일이든 꼼꼼하게 챙기지 않고 대충 해치운다는 의미다. 중국인들은 그것이 대륙적 기질이라고 생각하면서 따지고 들면 점잖지 못하다고 여긴다. 체면과 형식을 중시하는 유교적인 관습 탓이다.

앞서 잠깐 언급했지만 어느 나라나 할 것 없이 출입국 관리소 직원들은 대체로 무뚝뚝하게 마련이다. 특히 중국은 심하다. 공항의 출입국은 외국인들이 드나드는 국가의 관문이므로 이들의 사나운 표정이 국가와 국민의 이미지를 나쁘게 하는 것은 두말할 필요가 없다.

하지만 중국에서 작은 변화가 일어났다. 공항 통관검색대에 '서비스 버튼'을 설치하고, 서비스의 만족도에 따라 '아주 만족非常滿意', '불만족不滿意' 버튼을 누르게 하자 출입국 관리소 직원들의 서비스가 눈에 띄게 좋아졌다는 것이다. 서비스 버튼의 응답 결과에 따라 그들의 임금과 승진이 달라지기 때문이다.

중국에 이런 작은 변화들이 일어나게 한 데는 한 유명 저자의 노력도 한몫했다. 바로 왕중추汪中求이다. 그는 저서 《디테일의 힘細節決定成敗》에서 세심함의 중요성을 강조했고, 이것이 공항 출입국 관리소 직원의 표정을 바꾸는 계기가 되었다. 《디테일의 힘》은 중국에서만 400만 부 넘게 팔렸다.

그는 "집에 물이 새는 것을 아는 자는 집 안에 있고, 정치 난맥상을 아는 자는 초야에 있다. 기업에 문제가 있다면 그것을 아는 사람들은 시장에 있다"고 말한다.

소비자들이 디테일하지 않은 제품, 디테일하지 않은 서비스, 그리고 디테일에 무관심한 기업을 시장에서 몰아낸다는 것이다. 소비자들은 점점 더 세심한 서비스나 정밀한 제품의 기능을 요구하고 있으며, 세밀함을 따라잡지 못하는 기업은 퇴출당할 수밖에 없다. 기업이 도태되는 것은 경쟁 업체 때문이 아니라 세밀함을 요구하는 고객 때문이라는 것이다. 개인 역시 이러한 세심함과 치밀한 디테일이 부족하면 경쟁에서 뒤처질 수밖에 없다.

유가 문헌《상서·여오尚書·旅獒》에는 "조그만 일이라도 신중하지 않으면 결국 큰 덕을 허물게 된다. 아홉 길 산을 만들면서 한 삼태기의 흙이 모자란다면 공이 무너진다"는 구절이 있다. 노자의《도덕경》에서도 "세상의 어려운 일은 반드시 쉬운 일에서 만들어지며, 세상의 큰일은 반드시 작은 것에서 만들어진다"고 했다. 세밀함, 즉 디테일의 힘을 강조한 말이다.

일본의 화장품, 건강식품 회사 긴자마루칸銀座漢과 일본 한방연구소 창업자인 사이토 히토리齊藤一人 회장은 1993년부터 2005년까지 12년간 일본 사업소득 전국 고액납세자 종합 순위 10위 안에 들었다. 그는 부동산이나 주식이 아닌 순수 사업 소득으로만 그 같은 성과를 낸 독특한 이력의 소유자다. 중학교만 졸업하고서도 사업가로, 베스트셀러 작가로도 이름을 날린 입지전적 인물이다. 그 역시 디테일의 중요함을 강조한다. 그가 펴낸 거의 모든 책에서 작은 것의 가치를 반복하여 역설한다. 작은 것의 큰 힘을 누구보다 잘 알고 몸소 실천한 덕분에 자신 역시 성공할 수 있었다고 말한다.《철들지 않은 인생이 즐겁다》에서 그는 이렇게 말한다.

같은 상품을 파는 수많은 가게 중에 특별히 "그 가게로 가자"고 말하는 이유는 점원의 상냥한 미소 같은 사소한 차이 때문입니다. "손님, 어쩜 그리 늘 멋지세요? 손님만 보면 저도 기분이 좋아요"라는 말만 들어도 손님은 그 가게에 끌리게 됩니다.

손님에게 듣기 좋은 말을 하는 사람은 딱히 입에 발린 소리를 하는 게 아니라 진심에서 우러나와 그렇게 말하는 것입니다. 사실 그렇게 생각하는 사람은 의외로 많습니다. 다만 대다수 사람이 그렇게 생각하면서도 말하지 않을 뿐입니다. 이 점이 바로 작은 차이입니다.

일본에는 세계적으로 인정받는 기업들이 여럿 있습니다. 그 기업들 역시 세심한 부분에 집착한 결과 오늘날의 성공을 이루었습니다. 0.01밀리미터 수준의 미세한 오차도 허용하지 않는 등 작은 차이를 내는 데 주력했습니다. 예컨대 예전에는 각 층 바닥에 정확히 맞춰서는 엘리베이터는 모두 일본 제품일 정도였습니다. 외국인들은 '조금 어긋나는 거야 어때?' 하며 중요시하지 않았으나 일본인은 달랐습니다. 일본제 엘리베이터는 층높이가 각각 달라도 정확히 딱딱 맞춰 섰습니다. 그래서 엘리베이터는 서양인이 고안했지만 정작 일본 제품이 시장을 주도했습니다. 작은 차이를 추구했기 때문이지요. 순조롭게 사업을 하는 회사는 언제나 세심한 노력, 미세한 차이를 추구합니다.

우리나라와 중국, 일본은 같은 문화권으로 공통점이 많다. 젓가락을 사용하는 것도 그중 하나다. 그런데 삼국의 젓가락은 저마다 모양이 다르다. 중국의 젓가락은 끝이 뭉툭하고 일본은 가늘고 날카롭다. 우리나라는 그 중간쯤 된다. 젓가락이 중국에서 건너와 한반도를 거쳐 일본으로 건너간 것이라면, 젓가락은 한 번 문화가 전달될 때마다 그 끝이 더욱 뾰족해진 셈이다.

일본의 음식은 손이 굉장히 많이 가는 것들이 많다. 조리 과정뿐 아니라 음식을 차려 낼 때 마치 그림을 그리거나 조각품을 빚는 것처럼 공을 많이 들인다. 그래서 젓가락을 사용하는 것이 부담스러울 정도다. 젓가락질하려면 섬세한 손놀림이 필요하고, 젓가락 끝이 뭉툭하면 먹기도 어렵다.

그래서인지 일본 문화를 규정하는 특징 중 하나로 섬세함을 든다. 작은 것에 신경을 쓰고 그것을 통해 상대를 배려하고 신뢰를 얻는 것이다. 일본이 오늘날 이만큼 성장하고 성과를 이룬 것은 그들 문화 깊숙이 뿌리 내린 섬세함 때문이기도 하다.

중국은 그에 반해 오랜 유교적 관습과 공산주의 체제하에서의 전제적 정치·문화 등의 영향으로 세련되고 섬세한 부분에서 다분히 낙후된 모습을 보여 왔던 게 사실이다.

일본보다 우리나라가 섬세함이 뒤처지는 게 사실이다. 아직 우리는 오히려 투박한 느낌의 중국 쪽에 더 가깝다. 섬에서 독자적인 문화를 일으켰던 일본과는 달리, 중국과 국경을 맞대고 살아온 탓에 중국의 영향을 더 많이 받았기 때문일 것이다.

많이 달라지긴 했지만, 여전히 디테일에 있어 취약성을 드러낸다. 현장에서의 고객 접점이 생명인 서비스 업계에서 특히 그러하다. 입을 꾹 다물고 대꾸하지 않는 택시 기사, 주문해도 들은 척 만 척하는 식당 종업원, 위압적인 자세로 운전자를 다그치는 주차 관리원 등 사소한 것을 챙기지 않아 고객의 기분을 상하게 하는 일이 한두 가지가 아니다.

은행의 현금인출기 코너에서도 디테일에 무관심하다는 것을 확인할 수 있다. 우리는 한 줄 서기를 하지 않는다. 그래서 여러 대의 현금인출기가 있어도 정작 그중 어느 곳에 가면 더 빨리 일을 처리할 수 있을지 알 수 없다. 현금인출기 앞에 모두 사람이 서 있고 그중 어느 한 곳을 선택해서 줄을 서야 한다. 하지만 어느 줄이 과연 빨리 줄어들지는 아무도 알지 못한다. 줄이 다른 곳보다 훨씬 짧은 곳에 섰는데도 다른 곳보다 시간이 더 걸릴 수도 있고, 그 반대일 수도 있다. 그야말로 복불복인 셈이다.

은행 직원 역시 고객의 입장에서 현금인출기를 이용하는 적이 있을 것이다. 따라서 분명 그런 불편함을 충분히 알고도 남을 것이다. 그런데도 어느 은행도 이 점을 개선하지 않으려 한다. 은행입장에서는 현금인출기를 이용하는 사람들은 VIP 고객이 아니라고 생각하고 있을 가능성이 높다. VIP 고객이 현금인출기 앞에서 그런 불편함을 겪게 하지는 않을 것이기 때문이다. 하지만 은행의 그런 오만함과 잔꾀 때문에 수많은 고객들이 불편을 겪고 있는 것이다.

만약 레스토랑이나 식당에 가서 입구에서 기다리지 않고 무턱대고 자신이 앉고 싶은 테이블 앞에서 가서 기다린다고 하자. 그러면 한창 식사 중인 사람들은 얼마나 불편할까? 테이블 앞에 낯선 사람이 서 있는 것 자체로 엄청난 스트레스가 될 것이다. 게다가 옆에 붙어 서서 빨리 먹고 가라는 듯 거듭 눈치를 준다면 어떻게 될까?

고객 접점, 다시 말해 MOT 관리가 잘 되는 레스토랑에서는 고객을 밖에서 순서를 기다리게 하고, 그 시간이 지겹지 않도록 잡지를 비치하거나 음악을 틀어주는 배려를 한다.

화장실에서도 입구에서 순서를 기다리다 빈 곳이 생기면 차례대로 사용하면 된다. 그런데도 각각의 화장실 칸 앞에서 줄을 서서 기다리거나 소변을 보는 사람 바로 뒤에 바짝 붙어 볼일 보는 사람을 불편하게 한다. 물론 이런 사소한 문제는 개인들이 알아서 해결해야 하겠지만, 평소 그런 환경에 익숙하게 만든 서비스 제공자들의 책임도 분명히 있다.

미국 스탠퍼드 대학 심리학과 필립 짐바르도Philip G. Zimbardo 교수는 1969년, 흥미로운 실험을 했다. 상태가 비슷한 자동차 두 대를 골라 모두 보닛을 열었다. 그중 한 대는 유리창을 살짝 깬 뒤 치안이 허술한 골목에 세워뒀다.

1주일 뒤 살펴보니 뜻밖의 결과가 나타났다. 보닛만 열어둔 차는 별다른 변화가 없었지만, 유리창이 깨진 차는 엉망진창이었다. 배터리와 바퀴 등 부품들이 통째로 뜯겨 나갔고 자동차 전체가 온통 험악한 낙

서로 엉망이 돼 있었다.

두 자동차의 차이는 아주 조금 깨진 유리창뿐이었다. 하지만 그 결과는 엄청나게 달랐다.

이 실험 결과를 바탕으로 범죄심리학자인 제임스 윌슨James Q. Wilson 과 조지 켈링George L. Kelling은 1982년, 시사지 〈월간 애틀랜틱The Atlantic〉에 '깨진 유리창 이론Broken Windows Theory'을 발표했다. 건물주가 한 장의 깨진 유리창을 내버려두면 지나가는 사람들이 돌을 던져 나머지 유리창까지 다 깨뜨리고, 결국 건물 전체가 망가지고 만다는 것이다.

1980년대 뉴욕은 지하철 범죄가 골칫거리였다. 뉴욕시와 경찰은 지하철의 낙서를 지우기 시작했다. 1989년, 지하철 낙서가 완전히 사라지고 1994년이 되자 범죄율이 절반 가까이나 줄어들었다. 중범죄는 75퍼센트나 줄어드는 기적이 일어났다.

미국의 홍보 마케팅 전문가 마이클 레빈Michael Levine은 이 이론을 범죄학이 아닌 경영이론으로 접목해 2005년, 《깨진 유리창의 법칙》을 냈다. 여기에는 세계적인 기업의 흥망 사례들이 이 법칙으로 설명돼 있다. 사소한 실수가 쌓여, 결국 기업을 망하게 할 수도 있다는 것이다.

미국의 손해보험회사에 근무한 허버트 윌리엄 하인리히Herbert William Heinrich는 1931년, 《산업재해 예방-과학적 접근》에서 산업재해로 중상자가 1명 나왔다면 그 전에 같은 원인으로 경상자가 29명, 잠재적 부상자가 300명 있었다고 주장했다.

큰 사고는 우연히, 어느 순간에 갑자기 발생하는 것이 아니라 그 전에 그런 기미나 가벼운 사고가 반복 발생한다는 것이다. 이것이 유명한 1:29:300 법칙으로 불리는 '하인리히 법칙'이다.

하인리히 법칙은 노동현장의 사고 재해를 설명하는 이론이면서 개인과 기업의 경영과 삶의 법칙에도 적용된다. 사소한 것들을 챙기지 않으면 큰 화를 당하게 된다는 지극히 당연하지만, 간과하기 쉬운 이론이다.

깨진 유리창 이론, 하인리히의 법칙 그리고 앞서 살펴본 사이토 히토리 회장의 말은, '티끌 모아 태산' '천 리 길도 한 걸음부터'라는 우리 속담과 일맥상통한다. 호감도 이와 마찬가지다. 작고 사소한 긍정적인 피드백들이 모여 결국 호감가게 하는 것이다.

넛지로
고객의 마음을 낚아라

미국 현대 문학의 아버지라 불리는 마크 트웨인Mark Twain(1835~1910)의 소설 《톰 소여의 모험》에는 호기심이 왕성하고 재치 넘치는 톰 소여의 유쾌한 일화들이 나온다. 그중 하나는 다음과 같다.

개구쟁이 톰은 이모가 정성껏 만들어놓은 잼을 모두 먹어 치운 벌로 휴일 내내 울타리에 페인트칠해야만 했다. 꾀 많은 톰은 누가 시킨다고 순순히 할 아이가 아니었다. 마침 먹잇감이 걸려들었다. 지나가던 친구 벤이 키득거리며 톰 소여의 약을 올린 것이다.

"나는 수영장에 가서 재미나게 놀 텐데, 너는 꼴이 말이 아니구나."

그러자 톰은 능청을 떨며 이렇게 말한다.

"너, 페인트칠할 줄 아는 아이가 세상에 얼마나 있을 것 같아? 2천 명 중 하나 있을까 말까 해. 나는 그중 1명이지. 넌 이게 얼마나 재미있는지 모를걸?"

벤은 톰 소여의 말에 코가 꿰고 만다. 수영장에서 신 나게 놀겠다던 마음이 싹 달아나버린 것이다. 벤이 말했다.

"나도 한 번만 해 보자."

하지만 톰 소여는 딱 잘라 거절한다.

"안 돼. 아무나 할 수 있는 게 아니야."

그러자 벤은 안달이 났다. 먹고 있던 사과까지 주면서 애걸복걸했다. 톰은 못 이기는 척 붓을 넘겨주었다. 이것을 본 다른 친구들도 서로 페인트칠을 하겠다며 줄을 섰다. 친구들은 톰에게 페인트칠 대가로 장난감을 내밀었다. 톰은 장난감을 챙겨 들고선 휘파람을 불었다. 참으로 유쾌한 휴일이었다.

마크 트웨인은 이렇게 말한 적이 있다.

"어른이나 아이나 할 것 없이, 어떤 물건을 탐내게 하려면, 그것을 손에 넣기 어려운 것으로 만들면 된다."

아무나 쉽게 손에 넣을 수 있다면 전혀 탐나지 않을 것이다. 누구든지 가질 수 없어야 가지고 싶은 욕망이 생긴다. 강요하거나 졸라대는 것이 아니라 소유하고 싶은 욕망이 저절로일게 해야 한다. 넛지Nudge가 바로 그것이다.

넛지는 '팔꿈치로 쿡쿡 찌른다'는 뜻이다. 팔꿈치로 슬쩍 찔러 상대가 자연스럽고도 기꺼운 마음으로 선택하도록 유도하는 것이다. 선택의 결정은 상대가 하지만, 그것이 가능하도록 하는 것은 가벼운 팔꿈치 찌르기다. 미국 시카고 대학의 리처드 탈러Richard H. Thaler 교수는 행동경제학의 한 용어로 넛지를 개념화했다. 편견 때문에 실수를 반복하는 인간들을 부드럽게 넛지함으로써 현명한 선택을 이끌어낼 수 있다고 주장한 것이다.

남자들이 변기 밖으로 소변을 흘리는 것은 세계 만국의 공통된 고민거리다. 남자들도 앉아서 소변을 보아야 한다는 주장을 하거나 실제로 그렇게 하는 가정도 있다. 하지만 어느 것 하나 시원하게 해결된 적이 없다. 그런데 네덜란드 암스테르담 스키폴Schiphol 공항에서 희한한 일이 벌어졌다. 남자 소변기 밖으로 흐르던 소변량이 별안간 80퍼센트나 줄어든 것이다. 하루아침에 일어난 이 기적 같은 일은 작은 아이디어에서 비롯됐다. 소변기 안에 단지 파리 그림을 그려 넣었던 것뿐이다.

남자들은 소변기 안의 파리를 소변으로 쏘아 맞히기 위해 정조준했고 덕분에 소변이 밖으로 튀지 않고 구멍으로 쏙쏙 흘러들어 갔다. 남자들은 게임을 하듯 즐겁게 소변을 보았다.

이것이 넛지의 최초 발상이다. '오줌을 흘리지 마세요' '더 가까이 다가오세요'와 같은 글을 써놓지 않고서도 흘리는 소변의 양을 획기적으로 줄일 수 있었던 것은 고객들의 자발적인 선택을 이끌어낸 부드러운 개입이었다. 절로 하고 싶다는 마음을 불러일으킨 것이다.

독일의 세계적인 자동차 기업 폭스바겐Volkswagen이 재미를 통한 호감 마케팅을 시리즈로 펼쳐 보인 적이 있다. 폭스바겐은 2010년, '푸름을 생각하세요Think Blue'란 캠페인을 펼쳤다. 일상의 작은 행동들이 지구의 환경을 지키고 푸르게 해 그것이 결국 우리들에게 이익이 된다는 메시지를 알린 것이다. 자동차를 사라고 권유하는 대신 지구의 환경에 대한 메시지를 전달했다.

폭스바겐이 이 같은 전략을 구사하는 데 있어 가장 핵심적인 요소는 바로 재미Fun였다. 폭스바겐이 바이럴 마케팅으로 내놓은 '재미 이론The Fun Theory 캠페인'은 가장 성공적인 재미 마케팅 사례로 꼽힌다. 폭스바겐은 백화점 등 현장에서 재미 이론 캠페인을 실행했고 그것을 영상에 담아 유튜브 등을 통해 전파했다. 인터넷 환경을 통해 이 동영상은 전 세계로 급속하게 퍼져 나갔고 덕분에 폭스바겐은 몹시 재미난 기업인 동시에 친환경 기업이라는 이미지가 확산되었다.

그중 대표적인 것이 지하철 계단이다.

스웨덴 스톡홀름 오 덴 플란 지하철역에는 출구에 계단이 있었지만 사람들은 옆에 설치된 에스컬레이터로만 몰렸다. 에스컬레이터는 늘 혼잡했고 사고의 위험도 컸다. 당국에서는 '계단을 이용해 주세요'라고 호소했지만 소용이 없었다.

그러던 어느 날, 지하철 계단에서 뚝딱뚝딱 공사가 벌어졌다. 마침내 공사가 끝나자 계단은 피아노 건반처럼 변신해 있었다. 사람들은 신기하다며 계단을 밟았다. 사람들이 계단을 밟는 순간 더 놀라운 일이 벌어졌다. 계단을 밟을 때마다 피아노 소리가 났던 것이다.

사람들은 누가 시키지 않아도 너도나도 계단을 밟고 오르내리기 시작했다. 아이들과 함께 나온 사람들은 예외 없이 피아노 계단을 이용했다. 덕분에 에스컬레이터의 혼잡은 급격하게 줄어들었고 시민들은 건강과 재미를 동시에 얻게 됐다며 크게 만족했다.

두 번째 사례는 빠른 줄 시리즈다. 백화점 출입구에는 계단과 에스컬레이터가 설치돼 있다. 조금 더 빨리 가고 싶은 사람은 계단을 뛰어야했다. 하지만 계단에서 뛰는 것은 생각만큼 빠르지도 않을 뿐 아니라 위험하기도 했다.

어느 날, 이곳 계단 한쪽에 미끄럼틀이 놓였다. 사람들은 계단에서 뛰기보다 미끄럼을 타고 내려가기 시작했다. 순식간에 내려갈 수 있었던 것은 물론 재미도 그만이었다. 어른들은 동심으로 돌아가 즐겼고, 아이들은 엄마 아빠와 함께 신 나게 미끄러져 내려갔다. 이제 이곳에서 계단을 뛰어내리다 사고를 당하는 일은 없어졌다. 대신 놀이공원처럼 즐거운 장소가 되었다.

백화점의 카트도 새롭게 변신했다. 쇼핑 카트에 킥보드를 달아 놓자 사람들이 킥보드를 타면서 신 나게 쇼핑을 즐기기 시작했다. 카트를 밀고 따분하게 이곳저곳을 돌아다니던 고객들이 킥보드로 신 나게 질주했다. 덕분에 고객의 쇼핑 시간은 줄었고 기업의 매출은 늘었다. 고객들에게 즐거운 백화점이란 인식을 심어주었고 다음에 또 오고 싶다는 마음을 갖게 했다.

백화점의 엘리베이터에도 재미를 더했다. 엘리베이터에 오르고 문이 닫히기 시작하면 카운트다운 소리가 들린다. "파이브, 포, 쓰리, 투, 원, 제로" 소리와 함께 로켓 폭발음이 들리고, "쉭" 하며 로켓이 하늘로 솟구치는 소리가 들린다. 고객들은 자신들이 마치 우주선을 타고 우주로 날아가는 듯 착각에 빠져든다. 다들 뜻밖의 즐거움에 입이 벙긋 벌어진다.

세상에서 가장 깊은 휴지통도 화제가 됐다. 휴지통 입구에 센서를 달아 쓰레기가 들어올 때마다 "쓩" 하는 소리가 나도록 했다. 사람들은 쓰레기를 집어넣고 돌아서는 순간 휴지통 안에서 들려오는 소리에 걸음을 멈춘다. "쓩" 하는 소리가 한참 동안 이어지고 마침내 "쿵" 하고 무엇인가 바닥에 떨어지는 소리가 들린다. 마치 아득하게 깊은 바닥으로 쓰레기가 떨어지는 듯 착각하게 한 것이다.

사람들은 휴지통에 귀를 대보기도 하고, 구멍 속을 살펴보기도 한다. 생각지도 못한 신기한 이벤트에 사람들은 즐거워한다. 덕분에 이 휴지통은 인근의 다른 휴지통에 비해 하루 동안 무려 41킬로그램이나 더 많은 72킬로그램의 쓰레기를 모았다.

폐병 수거함은 마치 게임기처럼 만들었다. 평범한 폐병 수거함이 아니라 전구가 번쩍이고 점수를 보여주는 전광판도 만들었다. 빈 병을 넣을 때마다 게임기처럼 재미난 소리가 나면서 전광판에 점수가 나왔다. 사람들은 신기해하며 빈 병을 가져와 넣었다. 하룻저녁에만 100명이 이 폐병 수거함을 이용했고, 인근의 다른 수거함 이용률도 두 배나 높아졌다. 이 재미 이론 캠페인의 모토는 '재미는 더 나은 것을 위해 확실하게 행동을 변화 시킨다Fun can obviously change behaviour for the better'였다.

폭스바겐은 자동차 광고 대신 사람들에게 재미를 주면서 동시에 자신들은 지구의 환경을 소중하게 여기는 친환경 기업, 선한 기업, 사회에 공헌하는 기업이라는 이미지를 남겼다. 광고비용을 줄이면서 그 효과는 극대화한 지혜로운 마케팅 전략을 펼친 것이다.

현장에서 고객들이 캠페인 이벤트에 참여하고, 또 그것을 담은 동영상을 보며 다른 사람들에게 퍼 나른 것은 바로 재미 때문이었다. 재미는 자발적인 참여를 이끈 넛지였다. 만약 그것이 재미있지 않았다면, 그 같은 호응을 얻지 못했을 것이다.

한 번 반하게 하여
영원한 고객으로

chapter 04

'한 번 해병은 영원한 해병'이라는 말이 있다. 군대 중에서도 훈련과 군기가 세기로 유명한 해병대 출신들의 자부심과 명예를 상징적으로 보여주는 말이다. 해병대 출신이면 죽는 순간까지 해병대로서의 자부심과 명예를 잃지 말아야 한다는 것인데, 그것은 구성원들 사이에 깊은 유대와 신뢰 없이는 불가능하다. 나 하나의 실수가 다른 동료들의 명예를 훼손할 수 있으며 다른 동료들 역시 같은 마음을 가지고 있을 것이란 믿음이 있기에 가능한 것이다.

고객과 기업의 관계도 마찬가지다. 고객과 지속해서 관계를 이어나가려면 고객에게 믿음을 주어야 한다. 무슨 일이 있어도 제품과 서비스에 대한 책임을 다한다는 믿음을 주는 것이야말로 한 번 고객은 영원한 고객으로 만드는 최고의 전략이다.

　미국의 벅 나이프Buck Knives는 '한 번 고객은 영원한 고객'이라는 신념으로 성공을 이룬 대표적인 기업이다. 벅 나이프는 로키산맥의 고장 아이다호 주의 레저문화와 함께 역사를 이뤄왔다. 1대 사장 호이트 벅Hoyt Buck은 벅 나이프의 문을 연 1920년부터 평생 1주일에 스물다섯 개의 칼을 만들었다. 2대 사장 알 벅Al Buck은 1964년, 사냥용 접이 칼인 '모델 100'을 개발, 미국 칼 산업의 혁명을 일으켰다. 지금도 벅 나이프의 칼은 미국뿐 아니라 전 세계 레저 애호가들에게 최고의 명품 칼로 사랑받는다.

　벅 나이프의 성공 비결은 철저하게 사용자 중심의 제품을 생산한다는 것이다. 전문 산악인의 경험을 꼼꼼하게 듣고 제품 개발과 생산에 반영한다. 사용자의 실제 사용 경험이야말로 무엇보다 소중한 자산이라는 신념을 갖고 있다. 전문 산악인들과 끊임없이 토의하고 그들의 경험을 경청한다. 사장과 직원들 역시 실제로 레저 활동을 통해 자신들이 개발, 생산한 칼의 성능을 테스트하고 새로운 제품 개발에 반영한다.

　벅 나이프가 세계적 명성을 갖게 된 가장 큰 요인 중 하나는 바로 평생 보증제도다. 모든 제품은 한 번 구매하면 평생 무상 수리해 준다. 칼날이 부러지거나 손잡이가 못 쓰게 된다면 그것은 고객의 잘못이 아니라 제품에 문제가 있다고 여기기 때문이다.

할아버지와 아버지에 이어 3대, 4대에 걸쳐 한 자루의 벅 나이프를 물려받아 쓰는 일도 흔하다. 망가지면 무조건 무상 수리해 주는 벅 나이프의 경영 방침 덕분에 가능한 일이다. 제품마다 고유 번호를 부여하고 있어 고객들은 세상에 하나밖에 없는 자신만의 벅 나이프를 간직하고 있다고 자부한다. 그만큼 애착도 유별나다. 이 전통은 1대부터 100년이 넘게 이어져 온 전통이다.

미국에 벅 나이프가 있다면, 스위스에는 '맥가이버 칼'로 불리는 빅토리녹스Victorinox가 있다. 1976년 인도항공 524편에서 한 어린이가 질식하는 사고가 나자 승객이 가지고 있던 빅토리녹스 칼을 수술 도구로 사용해 어린 생명을 구하기도 했고, 뉴질랜드 상공에 항공기가 추락했을 때도 빅토리녹스 칼이 어린 승객의 생명을 구하는 데 결정적 역할을 했다. 스위스 군용 칼로 시작하여 맥가이버 칼로 유명해진 빅토리녹스의 칼은 절체절명의 순간 빛나는 칼이란 명성을 갖고 있다.

빅토리녹스는 185그램의 작은 칼이지만, 핀셋과 톱 등 스무 가지가 넘는 기능을 가진 칼로 유명하다. 사십여 개의 부품을 사용하여 450단계 이상을 거쳐야만 하는 엄격하고 까다로운 검수과정을 거치는 것이 칼의 품질을 지키는 비결이다.

벅 나이프처럼 빅토리녹스 역시 평생 무상 수리를 원칙으로 한다. 따라서 빅토리녹스는 자신의 생애뿐 아니라 후손에게까지 물려주고 싶은 집안의 자랑거리가 된다.

일본의 브리지스톤Bridgestone은 세계 1위 타이어 기업이다. 도요타 Toyota가 일본 자동차의 신화라면, 브리지스톤은 일본 타이어의 전설이라고 불린다. 타이어 불모지에서 출발했지만, 미국과 유럽의 막강한 업체들을 모두 뛰어넘고 세계 최고의 타이어 메이커로 자리 잡았다.

브리지스톤의 역사는 '시작은 미미했으나 끝은 창대했다'는 성경 구절과 잘 어울린다. 1906년, 브리지스톤의 창업자 이시바시 쇼지로 石橋正二郎는 아버지로부터 조그만 바느질 가게를 물려받았다. 그의 나이 고작 열일곱 살 때였다. 어린 나이임에도 그의 꿈은 컸다. 평생 일궈야 할 사업이라면 세계적인 기업으로 만들어 세상에 도움이 되도록 해야겠다는 야망을 품었다.

쇼지로는 직원들을 가족처럼 아끼며 함께 동고동락했다. 덕분에 사업은 번창하였다. 양말 공장을 짓고 신발 공장도 세웠다. 싸고 질긴 양말과 신발이 불티나게 팔려나갔다. 비싸지만 금방 닳아 못 쓰게 되는 양말과 신발을 감당하기 어려웠던 서민들이 크게 반겼던 것이다.

쇼지로는 그것에 만족하지 않았다. 자동차의 시대가 도래할 것이므로 자동차의 신발이라고 할 수 있는 타이어를 만들어야겠다고 마음먹었다. 그러나 당시만 해도 일본에 자동차가 많이 보급되지 않았을 뿐 아니라 타이어를 자체 기술로 만들어낸다는 것이 거의 불가능했다. 미국이나 유럽으로부터 타이어를 수입해야 했고 선진 타이어 제조 기술을 배울 방법도 없었다.

쇼지로는 사방팔방으로 뛰어 다니며 타이어 제조 기술을 얻어내는 한편 수많은 시행착오를 거듭하면서 실험을 계속해나갔다. 다행이 타이어를 만들어내기는 했지만, 소비자들은 눈길조차 주지 않았다. 생소한 후발업체의 타이어의 품질을 믿을 수 없었던 것이다. 실제로도 팔려나간 타이어는 얼마 지나지도 않아 펑크가 나기 일쑤였다. 업계에서는 그가 타이어 사업을 포기할 것이라고 입을 모았다. 회사 안에서도 사업을 접어야 한다는 의견이 우세했다. 하지만 그는 포기하지 않았다. 대신 이렇게 말했다.

"펑크 난 타이어는 무조건 무상 교환해 주세요."

직원들은 걱정이 태산 같았다. 타이어 연구 개발 비용이 엄청나게 들어간데다 제품을 모두 무상 교환해 수년 반품이 산더미처럼 쌓일 게 뻔했기 때문이었다. 하지만 쇼지로는 고객이 만족할 때까지 무상 교환은 멈추지 않을 것이라 다짐했다. 설상가상으로 은행에서도 대출을 더 해줄 수 없다고 알려왔다. 이에 대해서도 그는 "은행이 돈을 쉽게 빌려주면 기업이 약해진다"며 당당한 모습을 잃지 않았다.

타이어가 반품돼 올 때마다 쇼지로는 그 원인을 꼼꼼하게 분석하고 품질 개선에 힘썼다. 덕분에 꾸준하게 품질은 향상되었고 브리지스톤 타이어에 대한 소비자들의 믿음도 차곡차곡 쌓여 갔다.

2차 대전 중 일본은 인도네시아 자바 섬을 점령하면서 미국의 굿이어 타이어Goodyear Tire Rubber 공장을 군수용 타이어 생산 기지로 활용하기로 하고 브리지스톤에 경영권을 맡겼다. 브리지스톤은 3년간 이 공장에서 타이어를 생산했고, 일본이 전쟁에서 패해 물러나면서 공장에

불을 지르려 했지만 쇼지로가 나서서 막았다. 대신 굿이어 타이어에 공장을 고스란히 넘겨주었다. 굿이어 타이어에서도 고마움을 전하고 타이어 제작기술을 전수해 주었다. 이것을 계기로 브리지스톤은 결국 굿이어 타이어를 넘어서는 세계 최고의 타이어 메이커가 되었다.

쇼지로는 초창기 가난한 직원들을 가족처럼 여기고 그들로부터 호감을 얻는 데 성공했고, 후에는 무상 교환의 원칙을 뚝심 있게 밀어 붙여 고객들로부터의 호감도 얻게 되었다. 또한, 공장을 문제없이 운영하고 무사히 넘겨주어 선진 기업의 오너로부터 호감을 샀다. 이 세 가지 호감이 브리지스톤이 성공할 수 있었던 밑거름이 되었다.

벅 나이프와 빅토리 녹스, 브리지스톤 세 회사 모두 한 번 고객이면 영원한 고객이라는 신념, 그리고 사람을 먼저 생각하고 믿음을 지켜나가기 위해 노력했다.

기술보다
사람이 먼저다

아무리 훌륭한 제품을 내놓아도 고객의 마음에 들지 않으면 소용없다. 사람의 마음을 움직여야 지갑이 열리고 제품을 팔 수 있다. 사람은 보지 않고 제품만 보면 사람의 마음을 움직일 수 없다. 따라서 사람들이 진심으로 무엇을 원하는지, 세심하게 살펴야 한다.

우리나라에서 교통사고가 나면 가장 먼저 나타나는 것은 레커차다. 사고가 났다 하면 귀신처럼 알고 우르르 달려온다. 경쟁이 치열하다 보니 경찰의 통신망을 무단 도청하는 것은 예사이고 과속, 신호위반 등 불법 주행도 마다치 않는다.

스웨덴에서는 교통사고가 나면 가장 먼저 달려오는 사람들이 따로 있다. 바로 볼보의 교통사고 조사팀이다. 세계적인 자동차 메이커인 볼보가 교통사고 조사팀을 운영하기 시작한 것은 1966년이었다. 경찰이 사고 차량을 이동시키기 전에 차량의 상태와 사고 원인을 확인하고 이를 안전시스템 개발 운영에 반영하기 위해서였다. 볼보는 현재까지 교통사고 현장에서 4만 개가 넘는 데이터를 수집했다.

볼보는 2000년, 충돌실험 연구소를 설립하고 하루 한 번 이상씩 매년 400회 이상의 실험을 진행해 오고 있다. 다양한 상황, 운전자의 체형과 연령대 등을 두루 고려한 실험으로 가장 앞선 자동차 충돌실험 사례로 손꼽힌다.

가장 빠른 교통사고 현장 출동과 선진 충돌실험 연구는 그대로 성과로 나타났다. 볼보가 지금까지 세계 최초로 개발한 안전시스템만 1백 개 가까이 된다. 허리와 어깨를 동시에 조여 매도록 하는 3점식 안전벨트도 볼보의 작품이다. 1959년, 세계 최초로 양산 차량에 기본 사양으로 장착된 것으로, 120년 자동차 역사에서 빛나는 업적 중 하나로 꼽힌다.

자동차 안전에 관한 볼보의 또 다른 자랑거리는 경추 보호시스템이다. 뒤에서 추돌당했을 때 골절상해와 그 후유증의 위험을 줄이기 위해 볼보 교통사고 조사팀에서 개발한 것이다. 많은 자동차 회사들이 이 시스템을 기본 사양 품목으로 확대하는 추세다.

볼보 XC60에 탑재된 저속 추돌 방지 시스템 '시티 세이프티City Safety'도 마찬가지다. 자동차 앞유리 상단에 장착된 레이저 센서가 전방의 교통 상황을 모니터링하면서 시속 30킬로미터 하에서 앞차와 충돌할 위험이 있다고 판단되면 자동으로 속도를 줄이거나 멈추게 하는 것이다. 이 역시 교통사고 조사팀의 개발품으로, 추돌사고의 80퍼센트 정도가 시속 30킬로미터 이하에서 발생한다는 통계에 착안한 것이다.

볼보의 이 같은 안전시스템에 관한 집중적인 연구개발 덕분에 1970년대에 비해 사고와 탑승객 부상 위험이 절반 가까이나 줄었다. 볼보는 2020년까지 탑승객이 상해를 입거나 사망하지 않도록 한다는 목표를 세워놓고 있다. 볼보의 연간 생산 규모는 30만~40만 대 수준이지만 '볼보만큼 안전한 자동차는 없다'는 고객들의 인식만큼은 확고하다.

볼보의 브랜드 슬로건은 '생명을 위한 볼보Volvo For Life'이다. 이 슬로건은 볼보의 안전 철학을 상징적으로 보여준다. 볼보의 이런 경영 방침은 창립자인 구스타프 라르손Gustaf Larson과 아서 가브리엘슨Assar Gabrielsson의 사람 우선 철학에서 비롯됐다. 그들은 이렇게 말한다. "자동차를 운전하는 것은 바로 사람입니다. 볼보에서 만들어지는 모든 자동차는 안전이 가장 먼저 고려되어야 합니다."

볼보와 함께 스웨덴 자동차 업계를 양분했던 사브Saab는 볼보와 정반대의 길을 걸었다. 사브는 항공기 엔지니어들이 설립했다. 따라서 항공기의 공기역학 등을 응용한 고성능 기술에 집중했다. 그러나 고객들은 사브의 기술보다는 볼보의 안전을 선택했다. 고성능 자동차보다는 안전과 목숨이 더 중요하다고 생각한 것이다.

비록 중국 회사에게 넘어갔지만 볼보는 여전히 건재한 반면, 사브는 파산에 이르렀다. 한때 두 회사 모두 프리미엄을 지향했고 터보에 관한 한 가장 앞선 기술을 자랑했지만, 그들이 도달한 지점은 정반대였다. 고객의 마음을 먼저 헤아린 볼보는 고객의 호감을 얻었고, 고객의 마음보다 기술에 집중했던 사브는 그렇지 못했던 것이다.

1990년대 중반까지 일본의 닛산Nissan 자동차는 세계에서 가장 기술이 뛰어난 자동차 회사 중 하나로 손꼽혔다. 닛산은 기술에 대한 자부심과 자신감은 넘쳤지만, 그 때문에 고객의 마음을 헤아리는 데는 소홀했다. 앞선 기술로 만든 제품이니 고객들이 알아서 구매하리라 판단했던 것이다. 하지만 다양해진 소비자들의 욕구에 부응하지 못한 닛산은 2000년, 프랑스 르노Renault S.A 그룹에 흡수되고 말았다.

닛산은 브라질 출신 카를로스 곤Carlos Ghosn 사장이 영입되어 철저한 구조조정과 함께 고객의 니즈를 확인하고 그에 맞는 제품을 생산하기 시작했다. 덕분에 2002년, 7천90억 엔으로 사상 최대의 흑자를 내면서 부활했다.

우리나라에서도 롯데마트가 동네 쓰레기봉투를 뒤지면서까지 소비자들의 니즈를 확인한 끝에 매출을 획기적으로 끌어올린 일이 있었다. 쓰레기봉투 안 쓰레기들을 조사해보면 지역 주민들의 소비 패턴과 라이프스타일, 소득 수준 등을 알 수 있다는 점에 착안, 직원들이 쓰레기봉투 조사에 나섰던 것이다. 쓰레기봉투 조사를 통해 확인된 자료를 바탕으로 매장의 진열대 상품을 전략적으로 배치하게 되었고 이를 통해 급격한 매출 신장을 이끌어낼 수 있었다.

다시 한 번 긴자마루칸의 사이토 히토리 회장의 이야기를 살펴보자.

손님 입맛에 맞지 않는 라면을 계속 팔면서 손님이 안 온다느니 불경기라느니 탓하는 사람은 인기가 없을 따름입니다. 결국, 가장 중요한 것은 인기입니다. 인기란 사람의 기운 즉, 애정을 뜻합니다. 라면가게 주인에게는 바로 그 애정이 부족한 것입니다.

손님이 줄을 서는 라면가게에서는 국물 맛이 진한 라면을 판다고 합시다. 그런데도 이 가게 주인 혼자만 "우리 가게의 라면은 개운한 국물 맛이 일품이랍니다"라는 사실을 내세운다는 것입니다. 바로 그런 태도가 '애정이 없다'는 뜻입니다.

자기에게만 맛있는 라면은 집에서 혼자 만들어 드세요. 장사는 모름지기 손님의 취향에 맞춰야 합니다. 그런 기본자세도 없이 "손님들은 라면의 참맛을 몰라"라고 나오다니 당신은 정말 상황과 분위기 파악을 못 하는 사람입니다. 분위기 파악을 못 한다는 말은 단순히 어떤 분위기인지 모른다는 뜻이 아닙니다. 애정이 없다는 말이지요. 다시 말하면 다른 사람에 대한 배려가 없다는 의미입니다.

망하는 기업일수록 오너나 직원들은 쓸데없는 자부심과 고집을 부리면서 고객의 마음을 외면한다. 자신들의 넘치는 자부심과 앞선 기술만 있으면 고객은 당연히 따라올 것이라 착각하는 것이다. 하지만 고객들은 기업의 의도와 자세를 귀신처럼 알아차린다. 자신들을 돈벌이 수단으로만 여기는지, 아니면 진심으로 존중하고 마음을 헤아리려 하는지를 말이다.

'돈 나고 사람 난 게 아니라, 사람 나고 돈 났다'는 속담이 있다. 돈이 아무리 소중하더라도 사람보다 더하지는 않다는 말이다. 고객도 마찬가지다. 고객을 단지 돈으로만 생각하면 결코 기업은 돈은 벌지 못한다. 고객을 진심으로 존중하고 고객의 마음을 헤아릴 때 돈을 저절로 따라온다.

낮추면
비로소 얻는 것들

chapter 06

유대인만큼 세상에서 가장 상술이 뛰어나다는 화교들은 "발밑에 돈이
있다"라는 말을 자주 한다. 발밑에 있는 돈을 주우려면 고개를 숙이고
허리를 굽혀야 한다. 다시 말해 고객에게 고개를 숙이고 허리를 굽히
면 저절로 돈이 생긴다는 의미다.

　일본 도쿄에 있는 헤이하치자야平八茶屋는 430년이 넘는 전통을 자랑
하는 정통 요리점이다. 에도시대부터 연회 음식을 먹을 수 있는 가게
로 유명했는데, 전통을 지키면서도 끊임없이 변화를 시도해 온 것이
장수의 비결이다. 이 가게의 대표적인 음식은 보리밥에 마즙을 얹은
보리밥 도로로이다. 21대 사장까지 변하지 않고 그 맛을 이어 왔다. 기

본 요리는 연회 요리를 간소화한 혼젠, 가이세키 요리 스물세 가지다. 손님 한 사람 당 다섯 상씩 내되, 상마다 요리가 겹치지 않도록 하는 게 원칙이다.

장어구이는 기름이 적당히 빠지고 탈 듯 말 듯할 때 간장을 부어 다시 노릇하게 구워주는 것이 포인트이다. 여기에 사용되는 간장 소스는 역사가 무려 300년이나 된다. 간장 항아리가 300년간 한 번도 비워진 적이 없다. 조리장이 직접 새로 끓인 간장을 채워 넣기 때문이다. 덕분에 과거의 맛이 계속 이어진다.

일본의 요리가 대개 그러하듯 이 가게 역시 요리의 아름다움을 매우 중요하게 여긴다. 매화, 국화 등 계절별로 가장 화려한 꽃을 상에 얹어 미감을 더한다. 그에 어울리는 그릇을 고르는 것에도 신중을 기한다. 계절에 따라 달리 100년이 넘은 그릇들을 상에 올리는 것이다.

가업은 반드시 요리장이 잇는다는 전통도 있다. 직계 후손이라도 다른 요릿집에서 3년간 수련한 후 돌아와 요리장에게 다시 15년을 더 배워 마침내 요리장이자 사장으로 일할 수 있게 된다. 사장은 직접 장을 보고 주방을 책임지며 여주인은 경영과 고객 접대 등을 챙긴다.

21대째 변함없이 이어져 오고 있는 전통 중 하나는 손님 앞에서 자세를 낮추는 서비스 정신이다. 손님이 문을 열고 들어와서 나가는 순간까지 조금의 불편함도 느끼지 않도록 배려한다. 사장과 직원들이 고개를 숙이고 무릎을 꿇으며 철저히 자신을 낮추며 손님을 모신다.

종업원은 손님의 상 옆에 무릎을 꿇고 앉아 새로운 요리가 나올 때마다 재료와 먹는 방법 등을 친절하게 설명해 준다. "몰개구이는 백 번을 뒤집으며 먹는다는 말이 있습니다. 골고루 뒤집어 가면서 잘 구워 드시기 바랍니다." 3시간 동안이나 식사가 이어지지만 종업원은 조금도 흐트러지지 않고 상냥한 자세를 유지한다.

종업원이 이처럼 자신을 낮추고 완벽하게 서비스를 할 수 있는 것은 철저한 교육 때문이다. 수습기간 동안 요리에 대한 이해는 물론 손님의 취향을 파악하고 적절하게 대응할 수 있는 능력을 기른다. 정좌 자세로 자신을 낮추고 상대의 격을 높이는 것이 교토 요리의 기본이고 이 가게의 전통이다. 하루에도 수십 번씩 일어섰다 앉았다 하는 것이 결코 쉽지 않지만, 종업원들은 이를 기꺼이 감내한다.

자세를 낮춰 손님을 존중하고 조금의 불편함도 느끼지 않도록 하려는 배려, 어떤 주문에도 밝은 표정으로 응답하는 자세, 그것이 헤이하치자야가 300년 동안 이어온 호감 경영이다.

일본 교토에 있는 오와리야尾張屋는 1465년 문을 연, 일본에서 가장 오래된 메밀 국숫집이다. 일본 소바메밀국수의 역사 그 자체다. 따라서 일본인뿐 아니라 외국 관광객들의 발길이 끊이지 않는다.

오와리야 국수의 맛은 교토의 지하수 덕분이다. 교토의 지하수로 음식을 만들면 재료가 가지고 있는 원래의 맛을 더욱 잘 살릴 수 있다고 한다. 일본 최고의 품질을 자랑하는 홋카이도 메밀만을 쓴다는 것도 맛의 비결이다. 홋카이도는 산소와 오존량이 풍부해서 최고의 메밀을 재배할 수 있다. 교토의 지하수와 홋카이도의 메밀, 이 두 가지가 500년 동안 오와리야 역사를 지켜온 맛의 원칙이다. 이 원칙을 지키기 위해 역대 사장들은 호적을 바꾸는 것조차 마다하지 않았다.

오와리야의 또 다른 원칙은 착한 가격을 유지하는 것이다. 장사가 잘 되면 가격을 올리는 것이 일반적이지만, 오와리야는 5퍼센트의 이윤만을 남긴다는 원칙을 고수하고 있다. 오와리야의 연간 매출은 6억 엔, 우리 돈으로 60억여 원 정도 된다. 조그마한 메밀 국숫집의 매출 치고는 엄청나다.

5퍼센트만의 이윤을 남기고서도 이 같은 매출을 올릴 수 있는 것은 손님에게 부담을 주지 말자는 경영 철학 덕분이다. 대신 싼 가격에 많이 팔아서 이윤을 남기자는 것이다. 손님들은 전통 명품 국수를 저렴한 가격에 먹을 수 있어서 좋고, 가게는 많이 팔아서 좋은 영업을 하는 것이다. 손님의 주머니까지 생각하는 배려, 그것이 오와리야의 맛에 더해진 호감이라는 양념이다.

뉴욕에 가면 100년 전통을 자랑하는 치즈케이크 가게 베니에로 Veniero가 있다. 디저트의 천국이라는 뉴욕이라지만 여기서 케이크 하나를 사려면 번호표를 뽑아 줄을 서야 하고 테이블에 앉으려면 1시간 넘게 기다리는 것은 기본이다. 그런데도 맛의 고장이라는 프랑스에서까지 이곳의 치즈케이크를 맛보기 위해 온다. 베니에로는 자신만의 제조 방식으로 케이크를 만든다는 자부심을 갖고 있다. 신선한 재료를 쓰는 것은 물론, 수십 년 경력의 제빵 장인들이 재료 손질에서부터 장식까지 세심하게 챙긴다.

이 가게가 오랜 역사를 이어올 수 있었던 이유 중 하나는 철저한 서비스 정신이다. 손님들이 주문에서부터 테이블 이용, 계산, 화장실 이용 등 가게 안에서 벌어지는 모든 상황에서 불편함을 느끼지 않도록 노력한다. 이를 위해 이곳의 총 책임자가 되려면 화장실 청소는 물론 식기 세척과 카운트 담당, 테이블 치우기, 바닥 청소 등 가게의 모든 일을 직접 다 해본다. 손님의 입장에서 무엇이 필요한지 체험을 통해 알도록 하는 것이다. 베니에로는 달콤한 케이크의 맛에 철저한 서비스 마인드를 장식으로 얹어 호감을 얻는 데 성공했다.

사장이 문 앞에 나와 인사하고 주문을 받고 서빙을 하면서 열심히 장사하던 식당이 있었다. 덕분에 장사가 아주 잘 되었다. 어느 날 식당은 다른 곳으로 이사를 했다. 그전보다 식당도 훨씬 크고 내부 장식도 근사하게 꾸며져 있었다. 그런데 그 사장은 보이지 않았다. 문 앞에는 사장 대신 주차를 관리하는 종업원만 있었다. 사장이 가끔 식당에 나타나긴 했지만, 예전 같지 않았다. 손님에게 반갑게 인사하지도 않았고 무엇보다 넥타이를 맨 차림에 고개를 꼿꼿이 세운 모양이 평소 알던 그 사장의 친절하고 소박한 모습은 찾아볼 수 없었다. 어쩌다 사장을 만나려 해도 "사장님은 바쁘세요"라는 말만 들렸다.

우리는 주위에서 가끔 이런 상황을 접하게 된다. 사장이 돈을 벌었다고 전혀 다른 모습으로 변한 것을 보면 신뢰가 가지 않는다. 사장이 그러하면 종업원들의 정신이나 태도는 보나마나다. 돈을 벌기 위해 할 수 없이 하는 장사라는 마음이 있다는 걸 말하지 않아도 알 수 있다. 이런 가게를 자꾸 가고 싶은 사람은 없을 것이다.

하지만 어떤 식당 사장은 맨손으로 화장실 청소를 한다. 고무장갑을 끼고 할 수도 있지만, 맨손으로 변기를 닦고 걸레질을 하면서 손님에 대한 마음가짐을 다진다는 것이다. 어린 자식의 기저귀를 갈면서 그것이 더럽다고 인상을 쓰는 부모는 없다. 손님이 사용하는 화장실도 자식의 기저귀처럼 더럽다고 여겨서는 안 된다는 게 그의 생각이다.

맨손으로 화장실 청소를 할 수 있는 마음가짐이라면 손님이 아무리 부당하고 경우에 닿지 않는 요구를 해도 다 응대할 수 있다는 자신감도 있을 것이다. 직원들 역시 사장이 나서서 맨손으로 화장실 청소하는 모습을 보고 가만히 있을 수는 없다. 그보다 더 어려운 일도 할 수 있다는 마음으로 일한다. 덕분에 그 식당은 지금도 손님들의 발길이 끊이지 않는다. 손님을 높이려면 먼저 자신을 낮춰야 한다. 성공은 자신을 낮출 때 비로소 얻게 된다.

세상에 단 하나뿐인 것을
만들어라

chapter 07

대부분의 사람들은 이 세상에 단 하나뿐인 자신만의 무엇인가를 갖고 싶어 한다. 누구나 다 가질 수 있는 것이라면 아무런 가치도, 갖고 싶은 욕망도 없을 것이다. 반드시 값비싼 물건이 아니어도 마찬가지다. 신발이나 모자 하나라도 자신의 취향에 맞는, 세상에 하나밖에 없는 것이라면 갖고 싶은 욕구가 생길 것이다.

　세상에 단 하나밖에 없는 신발을 만들어 파는 가게가 있다. 바로 오스트리아의 구두 명가 루돌프 쉐어Rudolf Scheer & Sohne다. 1816년, 와인 농장 창고에서 시작한 이 가게는 황제가 신는 신발을 만드는 곳으로 유명하다. 1878년, 황제와 왕을 위한 황실 수제화점 칭호를 얻었고 황제들의 신발을 제작하던 기술과 공정이 그대로 이어져 오늘날에 이르고 있다.

200년 가까운 역사를 자랑하는 루돌프 쉐어의 신발은 처음부터 마지막 공정까지 모두 수작업으로 이뤄진다. 가장 큰 특징은 고객의 특성과 취향에 맞게 주문 생산한다는 점이다. 그래서 이곳의 신발 만들기 첫 작업은 바로 고객과의 인터뷰다. 고객이 어떤 스타일의 신발을 좋아하는지 묻는 것은 기본이고, 발 모양과 치수, 몸무게나 키 등 신체적 특성까지 꼼꼼하게 챙긴다.

그 다음에는 신발 틀을 만들기 위한 목형을 제작하고 이어 가죽을 재단하여 밑창을 붙이고 재봉과 박음질, 굽 붙이기와 밑창 색칠 등 하나부터 열까지 기계가 아닌 장인의 손길을 거친다. 한 켤레의 신발이 완성되기까지 무려 60시간 이상 걸린다. 따라서 고객은 자신의 신발이 나올 때까지 적어도 한 달은 기다려야 한다. 그럼에도 누구 하나 불평하지 않는다. 세상에서 하나뿐인 자신만의 신발을 기다리는 그 시간을 즐긴다.

황제의 신발을 만들던 루돌프 쉐어에도 위기가 없었던 건 아니다. 20세기 들어서자 공업화 물결이 유럽을 휩쓸었고 값싸고 질긴 신발이 공장에서 대량 생산되면서 수제 구두에 대한 수요도 급격하게 줄었다. 당시 루돌프 쉐어도 파산할 처지에 놓였다. 하지만 5대 사장 칼 퍼디낸드Carl Ferdinand는 새로운 경영 철학을 내세워 위기를 헤쳐나갔다. 내세운 모토는 '건강을 위한 신발'이었다. 황제의 신발처럼 화려하고 값비싼 재료로 만들어진 신발이 아닌, 신기 편하면서 건강에 좋은 신발을 만들기로 한 것이다. 수제화의 장점을 잃지 않으면서도 건강을 먼저 고려한 신발이라는 믿음이 확산되면서 루돌프 쉐어는 다시 명성을 되찾았고 오늘날까지 그 맥을 이어오고 있다.

독일의 후트쾨니히Hutmacher도 세상에서 하나뿐인 모자를 만드는 곳으로 유명하다. 후트쾨니히는 모자의 왕이란 뜻이다. 왕족이나 귀족들이 애용했고 교황 베네딕토 16세도 좋아했다 해서 더욱 유명해진 곳이다.

이 가게는 고객의 개성과 취향을 반영한 세상에서 단 하나뿐인 모자를 만든다는 원칙을 갖고 있다. 모자를 만드는 모든 과정이 수작업으로 이뤄진다. 모자의 크기와 디자인에 따라 각기 달리 제작된 나무틀만 무려 1만 개가 넘는다. 칠십 가지의 과정을 거치는데, 수천 개의 원재료에 따라 내구성과 보온성, 패션 스타일 등을 고려한 디자인으로 마무리하게 된다.

투르는 프랑스 직물산업의 발원지이자 가장 번성했던 직물 도시다. 이곳에는 프랑스에서 가장 오래된 직물소 장 로즈Chapitre Rose가 있다. 궁에서 쓰는 직물을 주로 만들던 곳으로 360여 년의 전통과 세계 최고라는 자부심을 갖고 있다. 영국 왕실도 이곳의 주요 고객이었고 교황 요한 바오로 2세의 옷을 위한 옷감도 여기서 나갔다.

장 로즈 제품은 수공예 장인들이 주로 찾는다. 따라서 철저한 맞춤식 주문 제작을 한다. 염색약을 0.01그램까지 따져 배합하면서 무궁무진한 색을 연출하는 것도 특징이다. 미리 견본을 만들어 고객의 취향을 반영한다. 또 12대를 이어온 수천 장의 도안을 그대로 보존, 사용하고 그것을 바탕으로 고객이 원하는 디자인을 제시하여 세상에서 단 하나뿐인 디자인의 직물을 선보인다.

독일의 에드소어 크로넨Edsor Kronen은 수제 넥타이 전문 회사다. 1909년, 베를린 중심가에서 문을 연 에드소어 크로넨은 화려한 디자인으로 유명하다. 코끼리와 백합, 치타 등의 패턴 넥타이는 지금도 스타일리시한 유럽인들이 앞다퉈 찾고 있다. 이곳에서도 창업 이후 지금까지 수작업 방식을 고스란히 이어오고 있다. 20~30년 경력의 베테랑 장인들이 작업에 참여한다. 무엇보다 고객의 요구에 따라 넥타이의 길이와 넓이 등을 조정할 수 있게 했다. 역시 세계에서 하나뿐인 넥타이를 만든다.

독일에서도 예술의 도시로 손꼽히는 뒤셀도르프에 가면 150년이 훨씬 넘는 전통을 가진 액자 가게가 있다. F.G.콘젠Conzen 이다. 뒤셀도르프 시립미술관과 독일 내 오십여 개의 박물관, 화랑 등에서 이 가게의 액자를 쓰고 있다. 독일에서 액자 하면, F.G.콘젠으로 통한다.
이 가게의 액자틀은 천연 목재를 사용한다. 가문비나무, 벚나무, 단풍나무, 참나무, 소나무 등이 주로 쓰인다. 나무의 종류에 따라 색깔,

결, 무늬, 강도 등이 다양하게 나타난다. 또 다른 곳에서 구경할 수 없는 특수한 유리를 사용하는 것도 특징이다. 자외선을 차단해 액자 속 작품을 보호하는 것은 물론, 거울처럼 앞의 사물이 비치지 않아 작품을 감상하기도 좋다.

이 가게의 가장 큰 장점은 고객의 의견을 반영한 맞춤 제작 방식이다. 완성된 액자를 고르는 것이 아니라 고객이 액자 안에 담을 그림이나 사진의 내용 등을 고려해 액자의 틀을 주문할 수 있다. 따라서 세상에서 하나뿐인 액자를 갖게 된다.

손상된 액자를 복원하는 기술력도 세계적인 수준이어서 자신만의 액자를 이곳에서 보수해서 오래도록 간직하려는 손님들도 끊이지 않는다. F.G.콘젠은 세계에서 하나뿐인 액자를 만들 뿐 아니라 세계에서 하나 뿐인 액자를 영원히 보존할 수 있도록 해 준다.

일본 오사카에 있는 우치다內田 사진관은 웨딩사진으로 유명한 곳이다. 이 가게의 매출 중 80퍼센트가 결혼사진이다. 한 해 일본에서 35만 쌍이 결혼한다면 그중 1만 쌍이 우치다 사진관을 이용한다.

개인용 카메라가 시판되면서부터 많은 사진관들이 문을 닫았다. 우치다 사진관에도 위기가 찾아왔다. 하지만 우치다 사진관은 앨범 제작으로 승부를 걸었다. 아기가 태어났을 때 무병장수를 기원하는 것부터 유치원과 학교에 입학, 졸업하고 또 성인식을 치르는 과정 등 중요한 인생의 시점들을 앨범으로 제작, 홍보하여 호응을 얻었다.

우치다 사진관에서만 볼 수 있는 독특한 경영 방침은 바로 고객이 마음에 들 때까지 촬영한다는 것이다. 고객이 마음에 들지 않으면 수십 번 수백 번이라도 다시 찍는다. 사진보다 고객이 먼저라는 마음으로 고객을 대하니, 고객의 발길이 끊이지 않는다. 사진의 특성상 그렇기도 하지만, 여기서도 세상에 하나뿐인 나만의 사진을 갖게 된다.

이렇듯 세상에서 하나뿐인 제품을 만든다는 것은 사실 대량 생산, 대량 소비 시대에는 어울리지 않는 방식이다. 그 과정이 번거롭고 시간과 비용도 많이 들기 때문이다. 하지만 고객의 입장에서는 자신만을 위해 특별히 신경을 써주고 마음을 알아주는 가게에 오히려 고마워하게 된다. 좋은 제품을 만들어 놓았으니 알아서 사 가라는 식이 아니라, 좋은 제품을 주문하면 최선을 다해 만들겠다는 자세로 고객들의 호감을 얻는다.

제품 그 이상의
가치를 팔다

c
h
a
p
t
e
r

0 8

1990년대 공산권이 무너지면서 동유럽에도 자본주의 물결이 밀려들었다. 코카콜라Coca-Cola도 그중 하나였다. 당시 코카콜라 한 병은 노동자들이 며칠 동안 열심히 일해야 마실 수 있는 비싼 음료였다. 하지만 동유럽 젊은이들은 코카콜라를 마실 수 있다면 며칠 치의 임금을 지불하는 것은 아무렇지도 않다고 생각했다. 코카콜라를 마시는 클럽을 만들어 함께 놀며 즐기기까지 했다. 코카콜라는 그들에게 단순한 음료가 아니라 자유세계의 상징이었고 코카콜라를 마시며 그동안 억눌렸던 자유를 만끽한 것이다.

중국에서 한류 열풍이 뜨거웠던 것 역시 비슷한 맥락이다. 개방의 역사가 길지 않은 중국에서 중국 젊은이들은 열린 사회의 자유분방한 활기를 느끼고 즐기고 싶었던 것이다. 개방된 사회라고는 하지만 여전히 교조적인 사회 분위기와 기성세대의 낡은 가치관은 계속되었고, 이에 염증을 느끼고 있던 시기에 한류라는 자유롭고 개성 넘치는 문화현상을 맞이하게 된 것이다. 중국 젊은이들에게 한류 드라마와 노래, 영화는 문화 상품 그 이상의 의미가 있었다.

북한의 개성공단에서 북한 근로자들에게 야근을 시키려면 야근수당보다 초코파이를 주면 더 효과적이라는 보도가 있었다. 영화 〈JSA〉에서도 북한 병사에게 초코파이는 우리나라 사회의 자유로움과 달콤함을 상징하는 것으로 묘사되었다.

이제는 흡연자들의 설 곳이 많이 사라지고 있지만, 미국의 대표적인 담배 브랜드인 말보로Marlboro도 담배 그 이상의 것으로 소비자들에게 어필한다. 말보로가 출시된 이래 변함없이 강조해 온 것은 '말보로를 피우는 남자야말로 남자 중의 남자'라는 것이다. 광고에서도 카우보이모자를 눌러 쓴 서부 사나이가 고독해 보이지만 강인한 인상으로 말보로를 피우는 모습을 보여준다.

'침대는 가구가 아니라 과학'이라는 광고문구로 크게 히트한 에이스 침대도 제품 그 이상의 것을 강조한 대표적인 사례다. 값싼 점심을 먹을지언정 커피만큼은 제대로 마시겠다는 여성들의 모습을 빗대 된장녀라고 표현한다. 이런 말이 나온 것도 따지고 보면 제품 그 이상의 무엇인가에 소비자들이 끌린다는 것을 증명한다. 확실히 소비자들은 실용적인 차원 그 이상의 가치를 바라고 있으며, 그런 소비자들의 마음을 먼저 읽고 대처할 줄 아는 기업이 성공할 확률도 높다.

제품 그 이상의 것을 추구하는 기업을 말할 때 할리 데이비슨을 빼놓을 수 없다. 모터사이클의 전설로 불리는 할리 데이비슨의 고객 충성도는 세계 으뜸이다. 타인에게 추천하고자 하는 의향을 나타내는 지수NPS: Net Promoter Score의 점수가 88점, 세계 1위다.

할리 데이비슨의 브랜드 슬로건은 '보고Look, 듣고Sound, 느껴라Feel' 이다. 전통 프레임을 유지하면서도 계속 진화하는 기술을 더해 나가는 디자인Look, 말발굽 소리와 비슷한 배기음Sound, 아래위로 오르내리는 독특한 진동감Feel이 그것이다.

할리 데이비슨의 전략은 명확하다. 고객에게 개성을 팔라는 것이다. 할리 데이비슨을 찾는 사람들은 단순히 성능 좋은 모터사이클을 원하는 것이 아니며 고객들이 진심으로 원하는 것은 상품이 아니라 개성이라는 것이다.

할리 데이비슨의 이와 같은 전략은 옵션-주문 생산 방식으로 현실화 된다. 모터사이클의 색상과 날개의 모양, 무늬, 로고 등을 고객이 원하는 대로 디자인해 준다. 공장에서 일괄적으로 만들어져 나오는 모터사이클이 아닌 나만의 모터사이클을 제공한다. 따라서 고객들은 세상에서 하나밖에 없는, 나만의 것에 만족하는 것이다.

할리 데이비슨은 그 자체로 하나의 라이프스타일을 창조한다. 모터사이클뿐 아니라 할리 데이비슨 의상과 액세서리, 생활용품 등은 할리 데이비슨이라는 색다른 라이프스타일을 제공한다. 할리 데이비슨 매장에서는 모터사이클뿐 아니라 의류와 할리 데이비슨의 로고와 브랜드를 새긴 각종 생활 용품을 구매할 수 있다.

할리 데이비슨은 1986년, '고객에게 모터사이클과 브랜드, 서비스를 제공함으로써 모터사이클링이라는 특별한 경험을 통해 우리 모두의 꿈을 실현해 나간다'는 슬로건을 내걸고, 의류 사업을 시작했다. 힘과 자유, 개성을 중요시하는 라이더들이 열광했고, 의류 사업 10년만에 매출액 1억 달러를 기록했다.

특별한 날이면 헝가리 사람들이 빼지 않고 챙기는 것이 있다. 바로 아이카 크리스털Ajka Crystal이다. 아이카 크리스털은 헝가리 사람들의 자부심이다. 형형색색의 아름다운 빛과 부딪칠 때마다 울려 퍼지는 청아하고 맑은소리에 절로 미소를 머금게 된다.

아이카 크리스털의 특징은 노련한 장인들이 일일이 입으로 불고 손으로 돌려 모양을 만드는 등 모든 공정이 수작업으로 이뤄진다는 것이다. 최고의 장인들이 빚어낸 도안을 바탕으로 미세한 무늬들을 새겨넣고 깎으면서 두 가지 색깔을 만들어내는 것을 보면 탄성이 절로 나온다. 1929년, 세계 대공황 때 생산이 중단되는 등 위기를 맞기도 했지만 빨간색과 하얀색의 절묘한 조화를 빚어내는 신기술로 재기에 성공했다.

아이카 크리스털은 헝가리 사람들에게 그릇 이상의 무엇이다. 그것은 로맨스다. 아이카 크리스털과 함께 하는 순간은 늘 로맨틱하다는 것이다. 아이카 크리스털로 로맨틱하고 아름다운 순간을 맞는 것, 그것으로 인해 행복하고 달콤한 인생의 향기를 느낄 수 있는 것, 그것이 아이카 크리스털을 대하는 헝가리 사람들의 마음이다.

신사의 나라 영국에서, 신사들만이 찾는 장소가 있다. 바로 런던 저민 스트리트에 있는 트루핏앤힐Truefitt & Hill 이발소이다. 1805년에 문을 열었으니 200년이 넘는 역사를 자랑한다. 세계에서 가장 오래된 이발소로 기네스북에 올라있다. 한 번 이발하고 면도하는 데 1페니로 시작한 곳으로, 귀족들이 왕궁에 들어가기 전 반드시 들러 몸단장을 해야 하는 필수 코스로 꼽히면서 명성을 이어왔다.

트루핏앤힐 이발소의 경영철학은 '신사의 품격'이다. 귀족과 신사들이 지위에 맞는 품격을 갖출 수 있도록 해 준다는 것이다. 그러기 위해 이곳에서는 모든 고객들에게 충분한 시간을 들인다는 원칙을 세워 놓고 있다. 면도를 하는 데만 평균 1시간이 소요된다. 이렇게 해야 손님의 피부 상태와 그에 맞는 제품을 선택하고 최상의 서비스를 제공할 수 있다고 한다. 세월이 흘러 좋은 면도기구가 많이 나왔지만, 숙련된 이발사들의 손길만을 고집하는 것도 색다르다. 이 같은 원칙과 고집은 이발소가 문을 연 이후 변함없이 이어져 오고 있다.

모든 고객들에게 충분한 시간을 들여 정성을 다해 서비스하는 것,

그것을 통해 신사의 품격을 지켜주는 것, 그것이 트루핏앤힐 이발소가 고객들로부터 호감을 얻을 수 있었던 이유다.

앞서 잠깐 언급했듯 '침대는 가구가 아닙니다. 과학입니다' 라는 메시지의 광고문구가 크게 히트한 적이 있다. 침대는 과학이라며, 과학적인 연구 개발로 최적의 잠자리를 제공한다는 메시지를 준 것이었다. 그 보다 앞서 일본의 한 이불가게는 '이불을 파는 게 아니라 편안한 수면을 제공합니다'라는 모토로 오랜 역사를 이어오고 있다.

1830년, 교토에서 문을 연 이불가게 이와타^{岩田}는 1964년, 일본에서 최초로 깃털이 나오지 않도록 하는 극세천^{다운 프루프} 천을 개발하면서 본격적인 다운 제품을 생산하기 시작했다. 자국산 순면 사용과 자연식 가공 기법으로 고객들의 사랑을 얻었다.

이와타는 재료를 선택하고 관리하는 데 있어 아주 엄격했다. 깃털 생산 현장을 직접 방문해 오리나 거위 등의 양육 환경이나 품질 관리 시스템을 꼼꼼히 살폈고, 가져온 재료는 다시 이와타 깃털 연구소에서 2차 테스트를 했다. 그래서 고객들은 이와타의 제품은 믿을 수 있다고 입을 모았다.

그러나 무엇보다 고객들이 호감이 가게 된 결정적인 이유는 '수면환경 어드바이저' 제도였다. 이와타에서 수면환경 학원을 설립하였다. 직원들에게 침구와 수면 등에 관한 교육을 실시한 후 시험에 합격하면 수면환경 어드바이저 자격증을 주었다.

수면환경 어드바이저 자격증을 가진 직원들은 고객을 상대로 잠버릇이나 생활습관, 수면환경 등에 관해 상담하고 최적의 침구를 제공해준다. 여기에 최상의 잠자리를 위한 침실환경이나 생활습관, 잠자리 자세 등에 관해서도 친절하게 알려준다. 덕분에 이와타는 침구만 파는 것이 아니라 최고의 잠자리 정보를 제공하는 인간미 넘치는 곳이란 인식이 자리 잡고 있다.

어느 식당에선 날마다 사장의 추천 메뉴가 달라진다. 여러 가지 메뉴를 갖추고 있지만, 주인은 그날 가장 싱싱한 재료가 무엇인지 알려준다. 대부분의 손님들은 주인의 뜻에 따른다. 다른 것이 먹고 싶어 멀리서 식당을 찾은 손님들도 흔쾌히 주인의 제의를 받아들이기도 한다. 그것은 주인에 대한 믿음 때문에 가능하다. 오랜 세월 동안 주인의 추천을 따르면 가장 싱싱하고 맛있는 음식을 먹을 수 있다는 믿음이 있기에 가능한 것이다. 음식 이상의 그 무엇은 바로 믿음이다.

이처럼 제품 이상의 그 무엇이란 바로 개성과 문화, 라이프스타일, 친절함, 배려, 믿음 같은 것들이다. 고객들은 이런 것들에 호감을 느끼고 마음을 열어 제품을 구매하거나 그 가게를 다시 방문하는 것이다.

사회적 책임을 다하는
가치 경영

오스트리아 인스부르크에 있는 그라스마이어Grassmayr는 세계적으로 유명한 종을 만드는 회사다. 1599년 문을 연 그라스마이어는 종을 비롯해 약국용 사발이나 동상, 공예품 등을 만들었다. 전쟁이 나면 대포를 만들기도 했다. 그라스마이어 최고의 자랑거리는 바로 아름다운 종소리다. 한 치의 오차도 허용하지 않는 완벽한 계산을 통해 재단하고, 크기와 상관없이 일관된 소리를 내는 종을 만들어낸다. 오스트리아 오케스트라가 악기로 연주할 정도로 빼어난 선율을 자랑하고, 세계 백여 개 국가에 수출되어 지구촌 곳곳에서 아름다운 종소리가 울려 퍼지게 하고 있다.

오스트리아 국민들은 400년 넘게 전통을 이어오고 있는 그라스마이어를 자랑스러워한다. 이곳 종 박물관에는 하루에도 100명 가까운 사람들이 찾아와 다양한 종을 감상하고 아름다운 종소리를 듣는다. 그라스마이어가 오스트리아의 대표적인 기업으로 사랑받고 있는 이유 중 하나는 지역 주민들과의 화합이다. 그라스마이어에서 쇳물을 붓는 날이면 마을 사람이 모두 모여 축제를 연다. 그라스마이어 공장에 마을 사람들이 모이면 지역 교회 목사의 진행으로 축제가 시작된다. 그라스마이어 직원들과 언론사 취재진, 멀리서 구경 온 사람들이 한데 어울려 축제를 지켜본다. 사람들은 노래를 부르며 훌륭한 종이 만들어지기를 기원한다.

쇳물을 붓는 동안 그라스마이어 사장은 종을 만드는 과정을 친절하게 설명해 준다. 종을 다 만들고 나면 그라스마이어 직원이 만든 전통 빵과 술을 나눠 먹으며 즐거운 시간을 보낸다. 그라스마이어는 축제를 통해 지역 주민과 소통하고 공감하기 위해 끊임없이 노력한다.

지역사회의 일원으로서 소속감과 유대감, 책임감을 갖고 제품을 만들고 판매하는 것, 그것이 그라스마이어의 힘이다.

독일에는 미니어처 동호회가 팔백 개가 넘는다. 이처럼 미니어처는 독일인의 생활과 문화에 영향을 주고 있다. 남녀노소를 가리지 않고 미니어처를 만들거나 수집하고 교류한다. 미니어처는 독일을 대표하는 문화 중 하나다. 이처럼 독일인들이 미니어처를 사랑하게 된 것은 조경 미니어처 제작 회사인 노흐^{Noch}의 열정과 노력 덕분이었다.

독일 남부 방엔시에 있는 노흐는 1911년, 독일의 기차 모형 회사인 메르클린에 기찻길을 납품하면서 문을 열었다. 이후 기차뿐 아니라 기차역과 주변 풍경을 미니어처로 만들면서 사업을 성장시켰다. '실제와 가깝게^{Wie Im Orginal}'를 모토로, 자연의 모습을 그대로 옮겨 놓은 듯 실제와 거의 같은 풍경을 만들어내는 것으로 유명하다. 들판의 작은 꽃이나 나무, 잔디의 결 하나하나가 살아 있는 듯 생생하다. 사람들의 다양한 모습도 미니어처로 표현한다. 식당이나 기차역 등에서 일하는 사람들의 모습을 놀라울 솜씨로 묘사한다. 어른들만을 위한 에로틱한 소재를 다룬 제품도 있다. 노흐의 미니어처를 바라보면 마치 걸리버 여행기의 소인국에 온 것 같은 착각에 빠져든다.

노흐가 세계적인 미니어처 기업으로 성장할 수 있었던 것은 끊임없는 기술 개발 덕분이다. 조금이라도 뒤처진 기술이라면 아무리 좋은 것이라도 과감하게 버리고 새로운 기술을 선택한다. 가볍고 견고한 제품을 만들기 위한 소재 개발에 힘을 쏟아 왔고, 세계 최초로 레이저를 이용한 세밀한 질감 표현에도 성공했다. 최초로 합성수지 모형 틀을 만들기도 했다. 덕분에 풀의 종류만 열 가지가 넘는다. 바닥으로 전기가 흐르게 해 진짜 풀 같은 느낌을 주는 기술도 보유하고 있다. 노흐에서 나오는 제품 종류는 천사백 가지가 넘는다.

노흐는 모형 나무 백 개를 판매할 때마다 실제로 나무 한 그루를 심는 운동을 펼쳐오고 있다. 폐지나 버려진 스펀지 등을 재활용해 제품을 만드는 등 친환경 사회적 기업으로서의 노력도 게을리하지 않는다. 미니어처라는 작은 세상에 '자연과 사람을 중요하게 여긴다'는 기업의 정신을 담는 것이다. 노흐의 이런 정신은 고객들에게 큰 호감을 일으 킨다.

오티콘Oticon은 덴마크의 대표적인 보청기 제조업체다. 설립자 한스 디만트Hans Demant가 아내와 같은 난청인들을 돕고 싶다는 생각에 보청 기 수입 유통업을 시작했다가 후에 보청기를 제조하게 되었다. 오티 콘은 심리학, 사회학, 심리 음향학 등 다양한 분야와 연계해 최고 수준 의 보청기를 개발하는 것으로 유명하다. 세계 최초의 디지털 보청기와 음량 자동 조절 보청기는 오티콘의 자랑이다. 오티콘의 직원들은 격의 없이 서로 의견을 나누고 함께 기술 개발에 참여하는 것으로도 유명하 다. 출·퇴근 시간을 일률적으로 정해놓지 않고 업무에 방해되지 않는 한도 내에서 자유롭게 출근한다. 사무실에는 칸막이도 없고 지정된 자 리도 없다. 수평적 의견 교환이 가능하고 조직 문화도 유연하다.

오티콘이 100년 넘게 명성을 이어올 수 있었던 것은 '기술보다 사 람을 먼저 생각한다'는 경영철학 덕분이다. 보청기 업계 1위가 아니라 사람을 최우선으로 생각하는 기업이라는 신념을 갖고 있다. 난청인들 을 돕고 싶다는 설립 취지를 잊지 않고 실천에 옮기고 있다.

오티콘 재단은 바로 그것을 실현하는 베이스캠프다. 이곳을 통해 다양한 사회공헌 활동을 펼친다. 난청 어린이들에게 보청기를 무료로 나눠주고 난청 예방을 위한 다양한 프로그램을 운영하기도 한다.

사람을 먼저 생각하는 경영 철학, 그것이 오티콘이 존경받는 기업으로 명맥을 이어가는 비결이다.

아사노타이코浅野太鼓는 일본의 대표적인 북 제조 회사다. 아사노타이코의 북은 몇백 년이 지나도 소리와 모양이 변하지 않는 것으로 유명하다. 1609년 세워진 아사노타이코는 원목을 이용한 북의 몸통 만들기에서부터 가죽 씌우기, 칠하기 등 모든 과정을 전통 방식 그대로 이어오고 있다. 최고의 북소리는 바로 전통의 맥을 잊지 않고 이어 나가려는 장인들의 노력 덕분이다. 여기에 현대 감각에 어울리는 새로운 상품개발에도 힘을 쏟아 전통과 현대가 조화를 이루는 북으로 발전해 오고 있다.

아사노타이코의 북은 느티나무로 만들어진다. 울창한 느티나무 숲을 헤치며 적당한 원목을 고르는 것이 아사노타이코 북을 만드는 첫 번째 과정이다. 견고하고 끈기 있는 느티나무로 만들어야 나무의 영혼이 북에 깃들어 사람의 마음을 울린다는 것이다.

아사노타이코는 느티나무를 보전하고 자연환경을 살리기 위한 식림 사업을 전개하고 있다. 10년에 걸쳐 해마다 3,000그루의 느티나무를 심는 사업도 그중 하나다.

그뿐만 아니라 북 문화 발전에도 앞장선다. '국제 북 페스티벌'을 벌이기도 하고 일본에서 유일하게 북 매거진을 발행하기도 한다. 북

강좌를 열어 북 연주와 작곡을 가르쳐 주고, 세계 각국의 진귀한 북을 소개하는 자료관도 열었다. 지역 주민들은 누구나 북을 좋아하고 아사노타이코를 자랑스러워한다. '사람의 마음을 북소리의 감동으로 울리는 것', 그것이 아사노타이코의 철학이다.

독일의 첼러 케라믹^{Zeller Keramik}은 닭 문양으로 유명한 도자기 명가다. 우리에게도 친숙한 첼러 케라믹의 닭 문양은 원래 100여 년 전 칼 쉐너^{Karl Schoner}라는 화가가 딸에게 생일 선물로 그려준 그림이다. 이것이 첼러 케라믹 도자기에 새겨져 독일은 물론 세계적으로 유명해졌다. 주진자나 접시는 물론 시계 등, 닭 문양이 새겨진 도자기는 이백 가지도 넘는다.

첼러 케라믹이 200년이 넘도록 독일은 물론 세계인의 사랑을 받아온 것은 각 분야 장인들을 길러온 덕분이다. 도자기 성형과 페인팅, 유약 등 각 파트 별로 장인을 육성하여 한 분야에만 40년 이상씩 전념토록 하는 독특한 인재 운용 시스템을 갖고 있다. 숙련된 최고의 장인들을 빼고는 첼러 케라믹을 이야기할 수 없다.

첼러 케라믹은 흑림黑林으로 둘러싸인 바덴-뷔르템베르크 주의 첼시에 있다. 나무가 하도 울창하여 그늘이 시커멓게 진다 해서 흑림이라 부르는데, 세계 각국에서 관광객이 모여들 정도로 명성이 높은 청정지역이다. 바덴-뷔르템베르크 주는 자연환경을 창립 이념으로 삼는 녹색당이 막강한 힘을 행사할 정도로 자연에 관한 관심 또한 높다. 그런 환경 탓에 첼러 케라믹도 자연을 아끼고 보호하려는 노력을 꾸준히 하고 있다.

첼러 케라믹의 최고 자부심은 친환경 제품이라는 점이다. 도자기 재료는 자연에서 채취한 흙으로 사람이 먹어도 될 정도로 깨끗하고 순수하다. 물은 흑림의 지하수를 쓴다. 도자기를 구울 때 쓰는 전기는 물론 공장의 모든 전기는 수력과 풍력, 태양열을 이용한다. 전기 가마를 사용하기 때문에 탄소 배출도 없다. 재료가 남으면 버리지 않고 재활용해 쓰레기양을 최소화한다.

첼러 케라믹이 사람들로부터 호감을 얻는 또 다른 이유는 개방성이다. 누구나 원하면 공장 안으로 들어갈 수 있다. 공장 곳곳을 둘러보며 추억으로 남길 사진을 찍기도 하고 도자기가 어떻게 만들어지는지 눈으로 직접 확인할 수도 있다. 도자기에 직접 손으로 그림을 그려 자신만의 도자기를 만들어 실생활에서도 사용할 수도 있다. 첼러 케라믹의 도자기와 함께 근사한 추억도 가져가게 된다. 사람들은 이러한 첼러 케라믹의 열린 자세에 대해 무척 깊은 인상을 받는다. 자연을 아끼고 사랑하는 기업, 고객과의 거리를 좁히려는 열린 자세, 이것이 첼러 케라믹의 호감 경영이다.

글로벌
비즈니스를 위한
호감 에티켓

비즈니스도 글로벌 시대다. 외국 출장을 나갈 기회도 많아졌고 외국 기업, 외국인 고객들과의 접촉도 필수적이다. 외국에 나가거나 외국 기업 등과 접촉할 때 자신은 회사의 대표인 동시에 우리나라를 대표하는 사람이 된다. 자신이 어떻게 행동하느냐에 따라 자신은 물론 회사와 국가의 이미지까지 달라지는 것이다. 그러므로 책임감과 자부심을 느끼자.

가장 중요한 것은 상대방의 문화를 이해하고 적응하려고 노력하는 것이다. 문화 차이 때문에 오해나 갈등이 빚어질 수도 있고 비즈니스가 엉망이 되기도 한다. 상대를 존중하고 배려하는 것은 글로벌 비즈니스 현장에서도 빼놓을 수 없는 덕목이다.

로마에 가면 로마의 법을 따르라고 했다. 글로벌 비즈니스 현장에서도 여전히 유효한 말이다. 세상의 경계가 허물어지고 하나의 지구촌화 되고는 있지만 나라와 지역에 따라 그들만의 고유한 전통과 관습을 고수하려는 사람들이 많기 때문이다.

글로벌 스탠더드를 익힌다는 것은 비즈니스적인 면뿐만 아니라 인간관계를 맺는 요령을 잘 익히고 훌륭한 태도를 보여준다는 것이기도 하다. 비즈니스를 위한 출장이나 모임이지만 사적인 교류와 공감이 필요할 때도 잦다. 그럴 때 비즈니스와 사적 관계의 적절한 조화와 균형을 이룰 줄 알아야 한다. 장소를 가리지 않고 심각한 표정으로 비즈니스에 관한 대화만 하려 들거나 개인적인 주제에 관한 어떤 재치 있는 대화도 나눌 줄 모른다면 유능한 비즈니스퍼슨으로서의 자격이 모자란 것이다. 동양 문화권에서는 음주를 통해 친목을 다지는 것이 비즈니스 결과와 직결되기도 하지만 협상과 인간관계를 분리하는 미국인들에게는 해당하지 않는다. 이처럼 그 나라 사람들의 특성을 잘 이해하고 있지 않으면 비즈니스 성과를 내기 어렵다.

글로벌 비즈니스
매너란 이런 것

chapter 01

상대에게 호감을 느끼고 배려한다는 것은 다시말해 상대를 잘 알고 있
거나 알려고 노력하는 것이다. 외국 출장을 가야 한다면 그 나라에 대
해 반드시 알아야 할 점들을 살펴본다. 세세한 점까지 다 알지는 못한
다 하더라도 최소한 넓은 범위에서 그 나라와 회사를 이해하도록 노력
한다. 방문할 국가의 정확한 명칭, 회사의 영문 이름, 그 나라의 수도,
기후와 인구, 종교 등에 대한 정보를 알고 있어야 한다. 상대에 대해
많이 알고 있을수록 상대로부터 더 많은 호감을 얻을 수 있고 실수를
방지할 수도 있다. 실수하는 것은 대개 무지의 결과다.

　외국과의 비즈니스에서는 대화의 주제를 잘 선택하는 것이 특히 중

요하다. 어느 나라에 가든, 어떤 사람을 만나든 성性과 정치 그리고 종교에 대해 함부로 말해선 안 된다. 나라에 따라서는 비즈니스 상의 문제뿐 아니라 목숨을 잃을 수 있는 심각한 상황이 빚어질 수도 있다.

상대 국가의 지도자나 정부에 대해 비평하거나 비난하는 일은 자제한다. 자신의 정치적 입장을 드러내거나 자국 지도자나 정치인들에 대한 평가도 함부로 하지 않도록 한다. 만약 그런 것들이 대화의 주제로 떠올랐을 때는 자신이 그 방면의 전문가가 아님을 전제로 화제를 다른 방향으로 유도하는 것이 좋다. 비즈니스맨이긴 하지만 정부 기관과 연관된 인물도 있을 수 있고 무심코 내뱉은 정치적 견해나 입장이 나중에 화근이 될 수도 있다. 중동 국가는 정치 종교 문제가 복잡하게 얽혀 있으므로 특히 조심한다.

종교를 대화의 주제로 삼는 것은 가능하면 피하되 그 특성은 잘 알고 있어야 한다. 프랑스는 7월 14일이 프랑스 혁명 기념일이므로 이날은 업무 미팅 날로 잡을 수 없다. 이스라엘에서는 금요일 오후부터 유대교 안식일을 준비하기 위해 상점들이 모조리 문을 닫는다. 중동 국가에서는 하루에도 몇 번씩 기도를 위해 회의를 멈출 수 있으며 돼지고기를 먹지 않는다. 그렇다고 이런 점들에 대해 불평 섞인 말을 하거나 불편하다는 신호를 보내서는 안 된다. 상대를 존중하고 그 나라 문화를 인정한다는 태도가 필요하다.

외국 비즈니스에서 상대의 이름과 호칭을 부를 때는 특히 주의한다. 상대를 소개받을 때 이름과 직함을 정확하게 기억하도록 노력하고 가능하다면 미리 상대에 대한 기본 정보를 알고 있는 게 좋다. 나라마다 이름을 부르는 방식도 다르므로 그것에 대한 정보도 사전에 파악해 둔다.

같은 단어라도 나라에 따라 각기 다른 의미나 뉘앙스로 들린다는 것도 유념한다. 미국에서는 기술자들을 "미스터 ○○○"라고 불러도 상관없지만 유럽이나 남미, 아시아 일부 국가에서는 "엔지니어 ○○○"라고 불러야 한다. 독일에서는 직급이 아주 높은 치과의사라 하더라도 그냥 "미스터, 미스, 미세스 ○○○"라고 해도 전혀 문제가 되지 않는다.

상대의 이름이나 호칭을 잘못 부르는 실수를 저지르는 일이 없어야 하겠지만 상대가 나의 이름과 직함을 잘 못 부르는 일이 없도록 배려하는 것도 잊지 말아야 한다. 외국으로 나가거나 외국인과 접촉을 할 때를 대비해서 해당 국가 언어로 된 명함을 준비하는 것이 좋다. 영어로 된 명함은 거의 공통으로 인정되지만, 해당 국가 언어로 된 명함을 건네면 훨씬 더 호감을 얻을 수 있다.

명함에는 반드시 직무를 포함한 직함을 적어야 한다. 자신의 직함을 외국인이 잘 이해하기 어렵다면 상대가 잘 이해할 수 있도록 쉬운 표현으로 덧붙여 주면 좋다. 아무리 직함이 낮더라도 반드시 명함에 포함해야 한다. 상대가 나의 직함을 몰라 당황할 수 있기 때문이다. 상대가 나의 직함에 따라 어떤 수준의 예우를 할 것인지 판단해야 하기 때문이기도 하다.

명함을 주고받는 것도 나라에 따라 방식이 조금씩 다를 수 있다. 하지만 대개는 회의 시작 전이나 만나자마자 바로 명함을 주고받는 것이 가장 일반적이다. 명함을 주고받을 때 한 손으로 해도 상관없는 나라가 있는가 하면, 우리나라처럼 두 손으로 주고받는 것이 예절에 맞는 것으로 여기는 곳도 있다. 어느 나라가 됐든 명함을 받으면 바로 지갑이나 주머니로 넣지 않고 반드시 그 자리에서 읽어보고 상대에게 잘 알겠다는 표시를 한다. 때에 따라서는 아주 멋진 이름과 직함을 가졌다며 칭찬하면서 존중의 표시를 하면 좋다.

비즈니스 상황에서는 나이가 의미 없다고 말하는 사람도 있지만, 반드시 그렇지만은 않다. 외국에서나 국내서 외국인을 만나 비즈니스를 할 때 나보다 직급이 낮지만, 나이는 많은 사람을 만날 수 있다. 이럴 때 상대를 존중하는 태도를 보여주면 더 많은 성과를 얻을 수 있다. 상대를 위해 문을 잡아 준다든가 엘리베이터에 먼저 내릴 수 있도록 배려하는 작은 친절이 상대로 하여금 호감을 느끼게 할 것이다.

나이를 상관하지 않는 유럽인들도 나이가 많은 사람을 대우해 주는 것에 대해 거부감을 갖지 않는다. 만약 직위에 상관없이 모임에 참석한 사람들 중 젊은 편에 속한다면 예의에 어긋남이 없도록 복장과 태도에 더욱 신경 쓴다.

상대의 라이프스타일을 이해해주려는 노력도 필요하다. 나라에 따라서는 비즈니스보다 가족이나 사생활을 더 중요하게 여길 수 있다. 협상이나 회의가 마무리되기도 전에 가족이나 개인적인 일을 이유로 서둘러 자리를 떠날 수도 있다. 협상이나 회의가 깔끔하게 마무리될 때까지 더 시간을 연장하고 싶어도 상대를 놓아주어야 할 때가 있는 것이다. 그런 상황은 상대가 상식에 어긋나거나 비즈니스 마인드가 모자라서 그런 게 아니라 그 나라 사람들의 삶의 방식이라는 걸 이해한다. 회의 도중 종교적인 이유로 자리를 떠나는 것 역시 그들에게는 목숨을 걸고서라도 지켜야 할 원칙이라고 이해하자.

일하는 시간이나 방식도 나라마다 다르다는 것도 기억해 둔다. 낮잠을 자기 위해 한낮에 가게 문을 걸어 잠그는 나라도 있고, 안식일에는 절대 일을 하지 않는 나라도 있다. 반면에 스물네 시간 쉬지 않고 가게 문을 여는 곳도 있다. 그리스나 이탈리아 등 유럽이나 라틴 아메리카에서는 낮에 두 시간 이상 일하지 않아도 흉을 보지 않는다. 이스라엘처럼 일요일부터 금요일까지 일하는 나라도 있고 이슬람 국가에서는 금요일도 안식일로 여겨서 일하지 않고 때로는 목요일 오전까지만 근무하기도 한다.

시간관념도 나라마다 다르다. 미국이나 일본인들처럼 시간을 칼같이 지키는 사람들도 있지만 한두 시간 정도의 차이는 대수롭지 않게 여기는 나라도 많다. 라틴 아메리카에서는 약속 시간보다 한 시간 정도 늦었다고 불평하면 오히려 이상한 사람이라고 비난받을 수도 있다.

또한, 다른 언어 환경에 적응할 수 있어야 한다. 영어가 세계 공용어로 가장 많이 쓰이긴 하지만 나라에 따라서는 영어가 잘 통하지 않을 수 있다. 그런 나라일수록 간단한 말 몇 마디가 비즈니스에 도움이 되기도 한다. '안녕하세요, 미안합니다, 안녕히 계세요, 부탁합니다' 정도는 현지어로 말할 수 있도록 미리 연습해 둔다. 포켓용 사전을 들고 다니면서 필요할 때마다 꺼내 활용하는 것도 좋다. 비즈니스 석상에서는 아주 유창하지 않다면 상대 국가 언어를 많이 쓰지 않도록 한다. 상대 국가 언어로 건네는 몇 마디 말은 더듬거려도 가벼운 웃음을 줄 수 있고 친근감을 느낄 수 있지만 지나치면 상대가 오히려 부담스러워 할 수 있다.

영어로 말하게 되면 유창하지 않더라도 자신감을 가져야 한다. 미국이나 영국 사람들처럼 유창하게 말하지 못한다고 부끄러워할 필요는 전혀 없다. 영어가 모국어인 사람도 자신이 외국인이라는 점을 고려하고 대한다. 미국인처럼 발음하겠다며 어설프게 흉내 내는 것이 오히려 상대를 부담스럽게 할 수 있다.

비즈니스 석상에서는 용어 선택에 신중해야 한다. 비즈니스에서 통용되는 관용어나 용어를 정확하게 사용하고 그것들에 대해 서로 오해가 없도록 확인해 가면서 대화를 나누는 게 좋다. 숫자에 관해 말할 때는 종이에 써서 보여주면서 확인해야 착오가 없다.

통역사와 함께 회의를 진행해야 한다면 회의 전에 통역사와 호흡을 맞춰 보는 게 좋다. 통역사가 나의 말을 잘 이해하고 전달할 수 있는지 확인해야 한다. 우리말을 세밀하게 잘 이해하고 있는지 방언이나 유머까지도 이해할 수 있는지도 살펴본다. 통역사의 수준에 맞게 말을 해야 통역상의 문제를 줄일 수 있다. 공식적인 자리에서 통역사는 대부분 중간에 앉는다.

통역사를 통해 말할 때 통역사가 잘 알아들을 수 있도록 또박또박 말하고 속어나 방언, 농담하지 않도록 주의한다. 말을 할 때 통역사가 아닌 비즈니스 파트너를 바라본다. 너무 길게 말하지 않아야 통역사가 잘 전달할 수 있다. 통역사를 통해 상대가 내 말을 잘 이해하고 있는지 확인하고 상대의 반응도 잘 살펴본다. 통역사의 말이 제대로 전달되지 않았다 싶으면 바로 정정하도록 하고 심각한 오류가 생겼다면 회의를 중지시키고 바로 잡도록 한다.

보디랭귀지의 차이점을 잘 이해하고 있어야 한다. 프레젠테이션을 하거나 회의를 할 때 미국인들은 상대의 눈을 똑바로 들여다본다. 이것은 상대에게 집중하고 있다는 증거다. 그렇다 하더라도 눈을 뚫어지게 쳐다보는 것은 무례한 행동으로 간주한다. 손짓이나 몸짓도 주의해야 한다. 손가락을 까딱거리며 상대를 부르는 것은 세계 어느 나라에서도 좋은 인상을 주지 못한다.

엄지손가락을 위로 추어올리는 것이 어느 나라에서는 최고라는 의미이지만 어느 곳에서는 외설적인 뜻으로 받아들여진다. 오케이 표시로 엄지와 검지로 동그라미를 만드는 것 역시 음란한 의미로 해석될 수 있다. 승리의 브이 자도 마찬가지다. 불가리아에서는 손을 옆으로 가로저으면 '노'가 아니라 '예스'라는 뜻이다.

미국이나 유럽 사람들은 신체 접촉을 별로 좋아하지 않지만 라틴 아메리카나 남부 유럽 사람들은 그렇지 않다. 말을 걸면서 손가락으로 상대방을 찌르거나 대화 중에 팔을 툭툭 건드리는 것은 예사다. 아랍 이나 동남아, 태평양 섬나라 일부에서는 남성이 자신을 초대해 준 남성의 손을 잡기도 한다. 이슬람 국가에서는 여성에게 악수를 청하면 안 된다. 중동에서는 악수할 때 너무 힘을 주면 상대를 공격하는 것으로 오해받을 수 있다.

특정 국가의 복장 규범을 잘 알기 전에는 보수적인 옷차림을 하는 것이 안전하다. 비즈니스 석상에서는 상대에게 신뢰를 주는 복장이 되도록 한다. 남성의 경우 진한 색 정장과 흰 색이나 푸른 색 셔츠, 진한 색 타이가 무난한 편이다. 여성의 경우에도 보수적인 옷차림이 좋다.

기후가 온화한 나라라면 남성들은 밝은 정장을 입어도 큰 문제없다. 싱가포르 같은 나라에서는 긴 셔츠를 입지만 에어컨을 심하게 틀어 실내온도가 낮을 경우 재킷을 입도록 한다. 라틴 아메리카 남성들은 구아야베라스라는 헐렁한 셔츠를 입는데, 셔츠 자락을 바지 속에 넣지 않는다. 그렇다고 당장 그들처럼 셔츠를 헐렁하게 입고 비즈니스 석상에 나타나면 웃음거리가 될 수 있다.

여성은 비즈니스 석상에 나갈 때는 보수적인 정장 차림에 원피스와 중간 높이의 뒷굽이 있는 구두가 좋다. 유럽이나 미국에서는 무릎을 살짝 드러내는 스커트도 무난하지만 스커트 길이가 무릎보다 짧거나 목선이 깊이 파인 상의, 민소매 블라우스 등은 피하는 게 좋다. 화려한 액세서리를 너무 많이 하지 않도록 한다. 손가락마다 요란하게 반지를 낀다든지 코에 피어싱을 하고 등장하면 비웃음을 살 수 있다. 지나친 화장도 자제하는 게 좋다.

식사 자리에 초청을 받게 되면 낯선 음식이나 식사 문화 때문에 당황할 수 있다. 하지만 식사 자리에 초청받은 사실에 대해 무척 감사하며 감동하였다는 표현을 한다.

상대 국가의 테이블 매너기 익숙하지 않다는 것을 알려 실수를 하더라도 너그럽게 봐 달라고 양해를 구한다. 실수하지 않으려면 초청자가 하는 대로 따라 하는 게 좋다. 낯선 음식이라고 싫은 표정을 짓거나 의심의 눈초리를 바라보아서도 안 된다. 처음 보는 음식이라도 즐거운 표정으로 기꺼이 먹어본다. 특정 재료에 대해 혐오감이 있다면 무슨 재료로 만든 음식인지 묻지 않는 게 좋다. 다만 중동 국가에서처럼 왼손으로 음식을 먹는 일이 없도록 조심한다. 그 지역 사람들은 왼손은 부정하다는 인식을 하고 있다.

이슬람 국가를 제외하고는 대부분 식사 자리에 술이 따라오게 마련이다. 건배해야 할 때도 있으므로 이럴 때를 대비해서 건배사를 미리 준비하는 것도 좋다. 술을 못 마신다면 알코올 성분이 없는 음료를 마서도 무방하며 대신 상대에게 양해를 구한다. 어느 나라 할 것 없이 초청한 사람이 먼저 건배를 제의하는 것이 관례이다.

이슬람 국가에서는 술을 선물하거나 이스라엘에 있는 유대 정교도에게 유대 율법에 따라 조리된 정결한 음식인 코셔Kosher 음식이 아닌 다른 음식을 선물하면 안 된다. 디너파티에 와인을 가져가면 술이 모자랄 것이라거나 초청자가 마련한 와인이 맛이 없을 것으로 생각하고 있다는 오해를 받을 수 있다.

문화 차이를 알아야
글로벌 에티켓의 완성

chapter 02

'적을 알고 나를 알면 패할 일이 없다'는 것은 비즈니스 세계에서도 마찬가지다. 외국에서의 비즈니스는 특히 낯선 환경에서 이뤄지므로 상대에 대해 더 많이 알기 위해 노력한다. 나라에 따라 시간관념이나 업무를 처리 방식, 의사결정을 하는 과정이 제각각이다. 따라서 각 나라별 국민의 특성을 먼저 파악하고 이해하도록 한다. 특히 평소 접촉이 빈번하지 않은 중남미나 아랍 국가 등에 대해서는 더 많은 노력이 필요하다.

상대 국가와 기업의 문화를 인정하고 존중해 주는 것이야말로 최고의 결과를 얻기 위한 첫걸음이다. 아무리 국제적인 규범에 미흡하거나 시대에 뒤처지는 것이라 해도 그들만의 고유한 가치라는 점을 인정해 주어야 한다. 경제적인 수준이 낮은 국가에서도 마찬가지다.

나라마다 협상 테이블이나 비즈니스 파트너로 나서는 사람에게 책임과 권한을 주는 정도가 다르다. 일본 사람들이 알았다고 말하는 것은 오케이 사인이 아니라 무슨 말을 하는지 알아들었다는 의미다. 미국 사람들은 협상 테이블에서 바로 오케이 사인을 줄 수도 있다. 그들은 현장 책임자에게 결정권을 많이 주기 때문이다. 중국 사람들은 몇 번씩 술을 마시면서 친분을 다진 다음에야 사업 이야기를 해야 잘 풀린다.

미국이나 북유럽 비즈니스맨에게 최고의 술을 대접했다고 일이 성사되는 것은 아니다. 그들은 비즈니스 테이블과 술집의 테이블을 냉정하게 구분하려는 태도를 갖고 있기 때문이다. 그들에게는 객관적이고도 정확한 자료와 근거를 제시하고 설득하는 것이 술집에서의 접대보다 훨씬 효과가 크다는 것을 명심한다.

라틴 아메리카에서 비즈니스를 하려면 많은 인내심이 필요하다. 이 지역에서는 속전속결이라는 말이 통하지 않는다. 비즈니스 미팅에서 약속보다 늦게 나타나는 것은 예사이고 당장 결정을 내릴 수도 있는 것도 몇 시간이나 며칠 혹은 몇 달이 걸릴 수도 있다. 시간에 쫓기지 않는 느긋한 삶이야말로 라틴 아메리카 사람들의 미덕이자 자랑이다.

그렇다고 라틴 아메리카 사람들이 무례하거나 경우가 없다고 할 수는 없다. 그들은 다른 대륙에서 찾아볼 수 없는 열정과 훈훈한 인간미를 자랑한다. 예의도 바르다. 남자 친구들끼리는 아브라조^{Abrazo}라고 하는 포옹을 하거나 힘찬 악수로 서로 반긴다. 여자들끼리는 서로의 양 볼에 입을 맞추며 정을 나눈다. 대화를 나눌 때도 서로 가까이 다가서길 좋아한다. 그들과 대화를 나눌 때 물러서는 것은 예의가 아니다. 또한, 그들은 상대의 눈을 똑바로 바라보고 얘기하는 것을 좋아한다.

라틴 아메리카 사람들은 대개 두 개의 성을 가진다. 아버지와 어머니 성을 모두 따라 쓰기 때문이다. 첫 번째는 아버지, 두 번째는 어머니 성이다. 스페인어를 주로 쓰는데 지역마다 악센트가 다르다. 명함을 만들 때 영어와 함께 스페인어를 쓰면 좋다.

라틴 사람들은 놀고 즐기면서 사귀는 것을 좋아한다. 접대하고 접대받는 것 자체를 즐긴다. 일찍 자고 일찍 일어나는 법도 없다. 밤늦도록 노는 것이야말로 그들이 살아 있다는 증거다. 밤 10시가 되어서야 저녁 식사를 시작하기도 한다. 라틴 사람들은 남성들이 비교적 우월하다는 인식을 하고 산다. 여성들은 남성들에 비해 열등하거나 심지어 종속적이라 생각하는 남성들이 많다. 외국인을 대하는 태도도 크게 다르지 않다. 여성이 비즈니스를 진행하기 위해 그 곳을 방문했을 때 대접이 좀 석연치 않더라도 그러려니 하는 게 좋다. 그들의 남성 우월의식이 하루아침에 달라지리라 기대하는 것은 어리석다.

비즈니스 석상이라 하더라도 여성이 너무 공격적인 자세를 보이면 무례하다고 생각할 수 있다. 여성들은 불편하더라도 다소 보수적인 복장을 하는 편이 좋다. 이 나라 사람들은 또 다른 나라 사람들과 비교당하는 것을 싫어하는데, 특히 미국과 비교하는 것에 예민하게 반응한다. 그들 역시 아메리카인이라는 사실을 기억하자.

라틴 아메리카에서는 정치 이야기를 하지 않는 게 좋다. 그들은 오랜 세월 동안 정치적으로 불안한 시기를 보냈고 그래서 정치적으로 민감한 주제를 화제로 삼는 것을 달가워하지 않는다. 천주교도가 많으므로 종교적 주제도 주의해야 하며 빈부격차가 크기 때문에 그에 관한 대화도 주의한다. 그들은 축구나 야구를 주제로 대화하는 것을 가장 좋아한다.

아르헨티나 사람들은 본격적인 비즈니스에 앞서 상대와 우호적인 관계 맺기를 좋아한다. 다른 라틴 사람들처럼 느긋한 편이다. 비즈니스 석상에선 보수적이고 격식 있는 옷차림을 하는 편이다. 상대에게 양손을 허리에 올리는 모습을 보이면 자신에게 도전한다는 의미로 받아들이니 조심한다.

브라질 사람들은 엄지와 검지를 맞대 동그라미를 그리는 오케이 사인을 저속하고 음란하다고 여긴다. 칠레 사람들은 오른손 주먹을 머리 높이 들면 공산주의인 줄 안다. 멕시코에서는 비즈니스 대화를 할 때도 바짝 얼굴을 맞대길 좋아한다. 상대를 밀어내면 큰 실례가 될 수 있으니 싫어도 참아야 한다. 파티에 갈 때 '노란 꽃'을 가져가지 않는 게 좋다. 노란 꽃은 죽음을 상징하기 때문이다. 베네수엘라에서는 비즈니

스 상대의 아내에게 지나치게 친절하면 다른 의도가 있다고 오해받을
수 있다.

유럽도 나라마다 개성이 다 다르다. 춥고 서늘한 북부 유럽과 따뜻
하고 부드러운 지중해에 연한 국가들은 확연히 다르다. 독일 사람들은
시간 약속을 칼같이 지키지만, 그리스나 스페인 사람들은 느긋한 편이
다. 핀란드 사람들은 과묵하지만, 이탈리아 사람들은 손과 입을 잠시
도 가만 두지 못한다. 프랑스 사람들은 주머니에 손을 넣고 대화하는
것을 싫어하고 이탈리아에서 별로 친하지도 않은 사람의 등을 툭 쳤다
가는 큰일 날 수 있디.

북유럽과 남유럽 사람들은 시간관념이 정반대다. 북유럽 사람들과
약속을 잡았으면 반드시 지켜야 한다. '1분 정도는 괜찮겠지' 생각했
다가는 큰코다친다. 회의도 미리 정해진 대로 진행되면 정해진 시간에
정확하게 끝난다. 하지만 스페인이나 포르투갈에서는 약속 장소에서
한참을 기다려야 할 때도 있다. 방문객을 기다리게 했다고 미안해하지
도 않는다. 아무 일도 없었던 것처럼 천연덕스럽게 인사하고 차를 권
한다. 늦었으니 바로 비즈니스 이야기를 하자고 하지도 않는다. 축구
와 날씨 이야기를 한참 늘어놓기 일쑤다. 그러다 낮잠을 자야 할 시간
이라며 자리를 떠나버리기도 한다.

북유럽 사람들은 필요한 말만 하지 수다 따위는 하지 않는 편이다.

아무리 심각한 대화를 나누어도 상대와의 거리를 적당하게 유지한다. 북유럽 사람들에게 바짝 다가서는 것은 상대의 영역을 침범하는 무례한 행동이다. 하지만 이탈리아 사람들은 숨은 언제 쉬나 싶을 정도 말을 쏟아낸다. 그러면서 상대와의 거리를 최대한 좁힌다. 이탈리아 인이 다가설 때 물러나면 친해질 기회를 놓칠 수 있다.

악수는 유럽 사람들에게 가장 흔한 인사법이다. 남성과 여성을 구분하지 않는다. 여성이 먼저 손을 내밀어 악수하는 게 오히려 자연스럽다. 미팅하기 전에 한 번, 끝난 후에 다시 한 번 더 하기도 한다. 영화에서 본 것을 흉내 내 여성의 손에 키스하면 구식이라는 소리를 듣는다.

유럽인들은 대개 영어가 통하기 때문에 영어 명함을 준비하면 큰 문제는 없다. 패션에 민감한 편이어서 비즈니스 석상에서는 특히 옷차림에 주의한다. 남성들은 정장 재킷을, 여성들은 스커트를 주로 착용한다. 초대를 받아 갈 때 '흰 백합과 국화'는 피하는 게 좋다. 그런 꽃들은 장례식장에 어울리기 때문이다. 처음 만났을 때 개인적인 질문을 하는 것도 좋지 않다.

프랑스인들은 비즈니스적인 자리에서 예의를 차리고 격식을 갖추는 것을 좋아한다. 기업에서도 위계질서를 존중하는 편이다. 그러나 즉흥적으로 토론하는 것을 좋아하기 때문에 회의에서 예상치 못한 주제가 튀어나오더라도 당황하지 말아야 한다. 그들은 상대가 아무리 길게 이야기를 늘어놓아도 그것을 타박하지 않고 들어주려 애쓴다.

사교 모임에서도 대화 주제가 무궁무진하다. 사교 모임이야말로 그들에게 자신의 위트와 지식을 자랑하는 최고의 장소다. 외국인이 어설프게 프랑스어로 말하는 걸 그다지 좋아하지 않는다. 자신들의 언어에 대한 자부심이 대단하기 때문이다.

프랑스에서는 악수할 때 씩씩하게 팔을 흔들어대지 않도록 한다. 그런 악수는 천박하다고 생각한다. 손을 살짝 잡고 한 번 흔드는 것으로 충분하다. 여성이 남성에게, 윗사람이 아랫사람에게 먼저 손을 내미는 것이 예의다. 사교 모임에서는 남성과 여성 모두 양 볼을 번갈아 맞대며 인사하기도 한다. 프랑스에서도 남의 등을 함부로 치지 않도록 조심한다. 식사할 때는 두 손을 테이블 위에 올려놓는다.

독일 사람들과 비즈니스 할 때는 마음가짐을 단단히 해야 한다. 절대 빈틈을 보여서는 안 된다. 그들은 회의는 물론 가벼운 사교모임조차 정해진 절차를 따르려 하기 때문이다. 시간은 정확해야 하며 물건과 사람은 항상 반듯하게 제자리에 있어야 한다. 그들은 회사에서 필요한 말 외에는 잘 하지 않는 편이며 커피 자판기 앞에서 수다를 떨지도 않는다.

영국에서는 지역 간의 갈등과 반목의 역사가 깊다. 스코틀랜드 사람들과 잉글랜드 사람들의 경쟁심은 우리나라의 영·호남 사이의 지역 감정보다 훨씬 심하다. 전체적으로 보면 상당히 보수적이며 신중한 편이다. 격식을 중요하게 여기고 예의에 벗어나는 것을 싫어한다.

영국 사람들은 비즈니스 접대를 영국의 전통 술집인 펍Pub이나 레스토랑에서 많이 한다. 저녁 식사가 끝나면 손님이 먼저 자리를 뜨는 것이 예의라고 여긴다. 집에 초대를 받았다면 절대 약속시간보다 먼저 도착하지 않도록 한다. 늦는 것은 양해되지만 일찍 도착하는 것은 큰 실례다. 사교 모임에서는 일 이야기를 피하는 게 상책이다.

그리스 사람들과 비즈니스를 진행할 때는 느긋해야 한다. 진한 커피나 전통 술을 마시면서 아주 길게 대화를 나눌 각오를 한다. 빠른 판단과 결정 같은 것은 기대하지 않는 것이 좋다. 그들은 대화 자체를 즐긴다. 초대를 거절하면 매우 큰 실례가 되기 때문에 가능하면 초대에 응하는 것이 좋다. 손바닥을 펼친 채 불쑥 내밀면 음탕한 곳으로 가자라는 뜻으로 받아들여질 수 있으니 조심한다.

이탈리아 사람들은 대화하기를 좋아한다. 성격이 밝고 쾌활할 뿐아니라 외향적이기 때문에 마음속에 담아 두지 않고 솔직하게 잘 표현하는 편이다. 자신의 나라와 고장, 전통에 대한 자부심도 대단하다. 상대에 대한 개인적인 호기심도 별로 숨기지 않는 편이어서 가족 관계나 취미는 무엇인지 등에 대해서도 스스럼없이 대화를 주고받는다. 지역에 따른 문화적 차이가 큰 편인 것도 특징이다. 오랜 세월 동안 지역별로 통일되지 않고 각자의 방식대로 살아왔기 때문이다. 그들은 이탈리아 사람이냐고 묻는 대신 어느 지역 출신인지 궁금해한다. 따라서 로마 사람, 나폴리 사람, 시칠리아 사람, 토스카나 사람을 구분해서 존중해 주어야 한다.

공업이 발달한 이탈리아 북부 사람들은 미국인들과 비슷한 스타일로 비즈니스를 진행한다. 약속 시간도 정확하게 지킨다. 반면 남부 사람들은 느긋한 편이어서 약속 시간 보다 좀 늦게 나타나더라도 크게 실례가 되지 않는다. 그러나 어느 지역을 가든 관료들은 대체로 느긋한 편이며 속전속결의 효율적인 행정 업무를 기대하기는 어렵다.

이탈리아는 명품의 고장답게 비즈니스를 하는 사람들도 패션만큼은 세계 최고 수준이다. 세계 패션을 리드한다는 자부심은 비즈니스와 일상생활에서도 그대로 반영된다. 비즈니스 모임에서의 세련된 정장과 고급스러운 타이는 필수품처럼 여긴다.

네덜란드 사람들은 절제와 절약, 근면과 정직이 몸에 배어 있다. 허풍을 떨거나 과장하고 속이는 것을 엄청나게 싫어한다. 프레젠테이션을 하더라도 사실에 근거해서 정확하게 하는 것이 좋다. 그렇다고 무뚝뚝한 것을 좋아하는 것은 아니다. 반갑게 인사하고 두 손을 마주 잡고 악수하면 좋아한다.

스페인 사람들은 굉장히 낙천적인 편이다. 약속 시간을 칼같이 지킨다는 것 자체가 실례 될 정도다. 비즈니스가 성사되려면 먼저 인간관계가 형성되어야 한다. 본격적인 협상에 앞서 아주 긴 시간 동안 함께 차를 마시거나 밥을 먹고 술을 마실 수도 있다. 함께 일하거나 사업을 도모할 만하다는 판단이 서야 그때 비로소 사업에 관한 대화가 무르익기 시작한다. 그렇다고 일사천리로 모든 게 술술 풀리는 것도 아니다. 최종 문서가 손에 들어올 때까지 또 한참 시간이 걸린다. 스페인 사람들과의 비즈니스 역시 느긋함과 인내심이 매우 중요하다.

스위스는 프랑스어, 독일어, 이탈리아어, 라틴어와 비슷한 로마니시 등 공식 언어만 네 개나 되는 나라다. 그만큼 풍속과 예의, 규범 등이 지역에 따라 다르다. 취리히 사람들은 독일 사람들처럼, 제네바 사람들은 프랑스 사람들처럼 말하고 행동한다. 따라서 이들 지역의 특성을 잘 고려하여 맞춤식으로 대응한다. 지리적 특성과 상관없이 대부분의 스위스 사람들은 시간 개념이 정확하고 매너를 중시하는 편이다. 비즈니스 석상에서는 보수적인 옷차림을 하는 것이 좋고 이 나라에서도 지하철이나 버스에서 연장자에게 자리를 양보하는 것이 미덕이다.

'요람에서 무덤까지'라는 모토로 사회복지 제도를 잘 갖추고 있는 스칸디나비아 국가들은 보수와 개방성을 적절하게 조화시킬 줄 안다. 덴마크, 노르웨이, 스웨덴, 핀란드, 이 네 나라 사람들 모두 대체로 과묵하고 겸손하며 예의를 반듯하게 지키는 편이다. 시간관념이 매우 철저하고 매사에 신중하다. 하지만 연회에서는 줄기차게 건배를 제의하며 즐길 줄 안다. 이 지역 사람들과 비즈니스를 할 때는 미리 철저하게 준비해야 한다. 약속 날짜와 시간을 넉넉하게 시간을 두고 잡아야 하고 약속 시간에 절대 늦지 않도록 한다. 바짝 붙어 대화하는 것을 싫어하기 때문에 적어도 1미터 이상은 거리를 두고 대화를 나누도록 한다.

동유럽 사람들과 비즈니스를 하려면 보드카를 듬뿍 마실 각오를 하는 게 좋다. 헝가리, 폴란드, 체코, 러시아 등은 사회적인 기반 시설이나 비즈니스 시스템 수준이 서유럽 등에 비해 떨어진다. 비즈니스 결과도 빨리 나타나기를 기대하지 않는 게 좋다. 하지만 이 나라 사람들은 정이 많고 사람들과 어울리기를 좋아한다. 보드카 잔을 앞에 두고 쉼 없이 건배를 제의하기도 한다.

이들은 바깥에서 초대해 함께 식사하는 편이기 때문에 집으로 초대받는다는 것은 대단한 일이다. 초대받아 방문할 때는 이들이 애도의 상징으로 여기는 '노란 꽃'은 피하는 게 좋다. 또한, 레스토랑이든 집이든 초대받은 사람이 먼저 자리를 뜨는 것은 예의가 아니다.

대부분의 중동 국가는 이슬람교를 믿는다. 이들 지역 국가에서는 생활 대부분이 종교적인 의식과 관련있다. 금요일이 안식일이기 때문에 토요일에서 수요일 오후나 목요일 오전까지만 근무하고 새벽과 한낮, 오후, 저녁, 그리고 밤 등 하루 다섯 번 기도하는 것도 종교 때문이다.

공공연하게 술을 마셔서도 안 되고 돼지고기도 먹지 못한다. 사람들이 많이 모인 장소에 반바지를 입고 어슬렁거렸다가는 예의 없는 사람으로 취급받는다. 상대의 아내나 딸에 대해 묻는 것도 실례다. 하지만 호텔 등 비즈니스 구역에서는 술을 마시거나 유흥을 즐길 수 있다.

중동 국가 사람들은 자신들의 종교와 역사, 전통에 대한 자부심이 대단하다. 따라서 종교적으로 민감한 문제를 건드리거나 그들의 자존심에 손상이 될 만한 말은 절대 하지 않도록 조심한다. 사람과 사람 사이의 관계를 매우 중요시하기 때문에 비즈니스에서 성과를 얻기 위해선 먼저 우호적인 관계를 맺어야만 한다.

아랍 남성들은 서로 칭찬하고 포옹하거나 볼을 맞대는 인사를 나누기도 한다. 그들은 대체로 대화하기를 좋아하고 호기심이 많은 편이다. 얼굴을 바짝 대고 친밀감을 드러내기도 하고 상대에게 대놓고 거절의 표시를 하지 않는다. 손가락질하거나 머리를 만지는 것은 굉장히 무례한 행동이라 여긴다. 상대가 가지고 있는 시계나 반지 등 값비싼 물건에 대해 감탄하면 그것을 선물로 건네려 한다. 이때 거절하면 실례가 되고 이것이 나중에 곱으로 되갚아야 할 족쇄가 될 수도 있다.

이슬람교를 믿는 나라에서는 남들 앞에서 왼손을 쓰면 안 된다. 왼손을 불결한 것으로 간주하기 때문에 악수하거나 선물을 줄 때 왼손으로 주면 실례이다. 왼손으로 식사하는 것은 말할 것도 없다. 의자에 앉을 때에도 두 발이 바닥에 닿도록 하고 발바닥을 위로 보이면 안 된다. 머리는 신성한 부분으로 여기기 때문에 절대 건드리면 안 되고 회교 사원에 들어갈 때는 반드시 발을 씻어야 한다. 사람이 많이 모인 곳에서 이성과 손을 잡거나 키스하는 것도 허용되지 않는다. 회교도들은 살아 있는 생물의 사실적인 그림을 좋아하지 않기 때문에 사람이나 동물의 사진이 담긴 선물은 피하는 게 좋다.

이스라엘의 경우 국민 대부분이 유대인인데다 다른 중동 국가들과 종교적으로도 다른 유대교를 주로 믿는다. 유대인 중에는 정통 유대교를 믿는 사람들이 대부분이지만 기독교 등 다른 종교를 믿는 사람들도 섞여 있어 나라 크기에 비해 문화와 종교적 다양성이 큰 편이다. 비즈니스는 미국식으로 주로 이뤄지고 국제 표준에 가깝게 진행된다. 친한 사이라도 종교와 정치 이야기는 삼가는 게 좋다.

터키는 중동에서 독특한 문화를 가지고 있다. 국민의 99퍼센트가 회교도인 이슬람 문화권이긴 하지만 그들 고유의 문화와 전통에 대한 자부심이 강하다. 보스포르 해협을 가운데 두고 서양과 동양이 맞닿아 있어 문화적으로 양 지역이 조화롭게 공존해 왔다. 그들의 조상은 천년전 아시아에서부터 이주해 온 유목민이지만 문화적인 측면에선 동양과 서양이 혼합된 나라다. 이슬람 전통에 얽매이기보다는 서구식 사고와 행동 규범을 존중하고 월요일부터 금요일까지 근무한다. 연장자를 우대하는 풍속이 있다. 많은 사람이 모인 곳에서 반대 의견을 내놓아 상대에게 무안을 주는 행동은 하지 않도록 특히 주의한다.

경쟁이 치열할수록
스펙보다 호감이 먼저다

의외의 인물이 직장에서 고급관리자나 중역, 심지어 최고 경영자 자리에 오르는 경우가 있다. 업무 수행 능력이 탁월하지도, 인간성이 좋지도 않은데, 더군다나 오너와 혈연관계가 아닌데도 불구하고 승승장구하는 것이다.

승진은커녕 언제 해고될지 몰라 안절부절 못하는 사람들은 이렇게 말한다. "참 이상해. 못된 인간들이 출세한단 말이야!" 자신들이 보기에 실력이 아주 뛰어난 것도 아니고 인간관계가 아주 훌륭한 것도 아니며 더구나 아랫사람들에게 인기도 없는 사람이 승진하고 끝까지 살아남는 게 잘 이해되지 않을 수도 있을 것이다.

낙오자들은 "나는 제대로 줄을 설 줄도 모르고, 아부할 줄도 몰라. 맡은 일만 열심히 하고 정직하게 살아 왔다고. 그런데 결국 이 모양이야!" 하면서 한탄한다. 그래서 후배들에게 이렇게 충고한다. "자네들은 정직하게 살지 마. 줄을 잘 서야 해. 썩은 동아줄이라도 꽉 붙들고 살란 말이야."

하지만 과연 그럴까? 사실 낙오자들도 조직에서 정점으로 올라갈수록 그 사람의 업무능력과 승진은 별 상관없다는 것을 잘 알고 있다. 자기 할 일만 잘해서는 절대 관리자가 될 수 없다. 하지만 그것을 깨닫는 순간, 이미 때는 늦었다. '아 진작 알았으면 그러지 않았을 텐데' 하고 무릎을 치고 후회해봤자 소용없다.

사회 초년생 시절에는 뭐가 뭔지 잘 몰라서 우왕좌왕하기도 하고 실수도 저지른다. 상사로부터 꾸중듣고 망신당하면서 배우고 성장해 간다. 사회 초년생 시절의 실수나 실패는 큰 흉이 아니다. 으레 그런 줄 안다. 하지만 한 단계씩 올라갈 때마다 상황은 달라진다. 관리자가 되면 자신의 업무뿐 아니라 아랫사람을 제대로 교육하고 이끌어가야 한다. 윗사람의 지시나 의중을 잘 파악하고 그것을 아랫사람들에게 잘 전달할 줄도 알아야 한다. 상사와 부하 직원들의 중간에서 아래위로 소통이 잘 될 수 있도록 징검다리 역할도 해야 한다.

승진을 잘하거나 끝까지 살아남는 사람들이 아랫사람들에게 큰 인기를 얻지 못하는 것은, 아랫사람들에게 싫은 소리를 할 줄 알기 때문이다. 그들은 비록 아랫사람들에게 인기를 얻지 못하는 한이 있더라도 조직이나 상사가 제시한 목표를 위해 싫은 소리도 과감하게 하는 것이다.

그렇다면 의문이 생길 수 있다. 호감을 얻는 사람이 성공한다고 했는데, 아랫사람들에게 인기 없는 사람이 더 출세하는 것은 무슨 이유인가? 그건 성공하는 사람일수록 윗사람과 오너로부터 호감을 얻기 때문이다. 윗사람이나 오너는 직원들을 독려하고 목표를 이루어 내는 사람을 좋아한다. 아랫사람들에게 좋은 사람이란 소리를 들으면서 성과를 내는 것은 쉽지 않다.

그럼에도 많은 경우 아랫사람들에게 신망받는 사람이 크게 성공한다. 윗사람의 눈치를 살피고 아부를 잘하는 사람이 성공하는 경우도 있지만, 정말 크게 성공하는 사람들은 아랫사람들로부터 존경받는다. 존경심은 그들의 비위나 맞추고 듣기 좋은 말만 해서는 생길 수 없다. 때로는 그들에게 필요한 쓴소리도 거침없이 하는 상사가 존경받는다. 하지만 그렇다고 해도 아랫사람들로부터 원성을 듣거나 그들로 하여금 한을 품게 해서는 안 된다. 결국 비인간적인 상처주기는 반드시 부메랑이 되어 자신에게 돌아온다는 사실을 기억하자.

포부가 큰 사람이 결국 성공하는 법이다. 야망을 품은 사람이어야 성공한다. 꿈이 큰 사람은 아랫사람들과 모여 윗사람의 험담을 하는 어리석은 짓은 하지 않는다. 성공하려면 윗사람의 눈에 들어야 한다.

윗사람에게 아부를 잘하라는 것이 아니다. 군말 없이 주어진 임무를 척척 해내고, 뜻을 헤아려 실행할 줄 알며, 아랫사람들을 잘 이끌어나갈 줄 아는 것을 말한다.

'윗자리로 올라갈수록 더 편해지겠지'라고 생각하면 안 된다. 위로 올라갈수록 책임과 의무도 더 커진다. 자신은 편하고 좋은 일만 하면서 귀찮고 어려운 일은 부하 직원에게 떠넘기는 짓은 하지 말아야 한다. 공은 아랫사람에게 넘기고 책임질 일이 있으면 기꺼이 나설 줄도 알아야 한다. 그런 사람이 윗사람 눈에 든다. 그리고 결국 승진도 하고 임원도 되는 것이다.

호감이란 타고난 품성이라기보다는 노력을 통해 얻어지는 것이다. 호감은 이 시대를 살아가기 위해 반드시 필요한 경쟁력이다. 지금 어느 자리에 있든 우직하게 노력하면서 남들에게 호감을 얻고 꿈을 이루길 진심으로 바란다.

똑같이 말해도 호감 있는 사람에게 끌린다

문제는 호감이다

초판 1쇄 인쇄 2013년 5월 10일
초판 1쇄 발행 2013년 5월 15일

지은이 전경우
펴낸이 이범상
펴낸곳 (주)비전비엔피 · 비전코리아

기획 편집 이경원 박월 신주식
디자인 최희민 김혜림
마케팅 한상철 이재필 김성화 김희정
관리 박석형 이다정

주소 121-894 서울특별시 마포구 잔다리로7길 12 (서교동)
전화 02)338-2411 | **팩스** 02)338-2413
이메일 visioncorea@naver.com
블로그 blog.naver.com/visioncorea
트위터 twitter.com/visioncorea

등록번호 제1-3018호

ISBN 978-89-6322-056-7 03320

· 값은 뒤표지에 있습니다.
· 잘못된 책은 구입하신 서점에서 바꿔드립니다.

「이 도서의 국립중앙도서관 출판시도서목록(CIP)은 서지정보유통지원시스템 홈페이지(http://seoji.nl.go.kr)와
국가자료공동목록시스템(http://www.nl.go.kr/kolisnet)에서 이용하실 수 있습니다.(CIP제어번호: CIP2013004460)」